助かった命と、助からなかった命

沢田俊子●文　野寺夕子●写真

動物の保護施設
ハッピーハウス
物語

Gakken

助《たす》かった命《いのち》と、助《たす》からなかった命《いのち》
動物《どうぶつ》の保護《ほご》施設《しせつ》 ハッピーハウス物語《ものがたり》

目次《もくじ》

まえがき

かつて、わたしが住《す》んでいたニュータウンは、緑《みどり》がいっぱいのいい環境《かんきょう》でしたが、駅《えき》までの道《みち》を歩《ある》いていると、あちこちに、こんな立札《たてふだ》が立《た》っていました。

のらねこが
すみつくので
エサをやらないで
ください

この立札《たてふだ》には、たったそれだけしか書《か》かれていませんでしたが、この文章《ぶんしょう》から、次々《つぎつぎ》、目《め》に見《み》えない矢《や》がとんできて、わたしの心《こころ》にささりました。

のらねこは、うるさくて、きたないです。
のらねこは、どこにでもうんちをするので、不衛生《ふえいせい》です。
のらねこは、病気《びょうき》をいっぱい持《も》っています。
のらねこは、その病気《びょうき》を人間《にんげん》の子《こ》どもにうつします。
のらねこは、ひっかくので、きけんです。
しかも、のらねこは、どんどんふえていきます。
のらねこに、えさをやるからふえるのです。
のらねこに、えさをやらないでください。
えさをやらなければ、どこかほかへ行《い》くでしょう。
この町《まち》から、のらねこを追《お》いだしましょう。

あとのことは、知《し》ったことではありません。

この町《まち》さえ良《よ》ければ、それでいいじゃないですか。

この立札《たてふだ》は、地域《ちいき》の子《こ》どもたちも見《み》るのです。気《き》づかないうちに子《こ》どもたちに、「自分《じぶん》だけ良《よ》ければそれでいい」、「じゃま者《もの》は消《け》せ」と教《おし》えているように思《おも》えます。このままでは、子《こ》どもたちに、「命《いのち》は大切《たいせつ》だ」と教《おし》えることはできないのではないでしょうか。

そんな思《おも》いでいた二〇〇五年《ねん》のある日《ひ》、茨木市《いばらきし》（大阪府《おおさかふ》）の駅前《えきまえ》で、犬《いぬ》を連《つ》れた人《ひと》が看板《かんばん》を立《た》てて、募金活動《ぼきんかつどう》をしているところに出《で》くわしました。よくしつけられた二頭《とう》の犬《いぬ》が、道行《みちゆ》く人《ひと》に頭《あたま》をなでられていました。

手作《てづく》りのチラシには、そのしせつで四百五十頭《とう》もの動物《どうぶつ》（二〇〇五年当時《ねんとうじ》）が保護《ほご》されていると書《か》かれていました。わたしは、四百五十という数字《すうじ》におどろきました。と同時《どうじ》に、のらねこのことを書《か》いた立札《たてふだ》が頭《あたま》をよぎりました。のらねこを保護《ほご》してくれるしせつがあるということは、ありがたいです。少《すこ》し募《ぼ》金《きん》をしました。

それが、犬《いぬ》やねこなどの動物《どうぶつ》を保護《ほご》している「ハッピーハウス」という団体《だんたい》との出会《であ》いでした。

帰《かえ》りの電車《でんしゃ》の中《なか》でチラシをゆっくり読《よ》んでみると、そのしせつではいろいろなボランティアを募集《ぼしゅう》していることがわかりました。せんたく、散歩《さんぽ》、犬《いぬ》の食《しょっ》器《き》あらい、ねこ小屋《ごや》のそうじ……。これならわたしにもできそうです。わたしの住《す》んでいる町《まち》からは、かなり遠《とお》いのですが、一度《どい》行ってみようと思《おも》いました。

ハッピーハウスをたずねてみると、四百五十頭《とう》もの犬《いぬ》やねこの命《いのち》を大切《たいせつ》にしながら、ていねいに世話《せわ》をしているようすが、よくわかりました。何度《なんど》も通《かよ》い、体験《たいけん》したり、取材《しゅざい》したりしてわかったことを、二〇〇六年《ねん》、一冊《さつ》の本《ほん》にまとめました。『命《いのち》の重《おも》さはみな同《おな》じ』（学研《がっけん》）です。

それから十一年《ねん》の歳月《さいげつ》が流《なが》れたのですが、その間《あいだ》もハッピーハウスを見守《みまも》ってきました。

十一年間《ねんかん》で、どのように変《か》わったのでしょうか。

殺処分《さつしょぶん》される犬《いぬ》やねこの数《かず》は全国的《ぜんこくてき》には、へっています。が、ハッピーハウスが保護《ほご》している犬《いぬ》やねこは、約《やく》六百頭《とう》にふえていました。なぜかというと、人間《にんげん》やペットの寿命《じゅみょう》がのびて、高《こう》れいになった飼《か》い主《ぬし》が老犬《ろうけん》や老《ろう》ねこの世話《せわ》をしきれなくなり、ハッピーハウスにあずけにくるケースが多《おお》くなったからです。

そんな老犬《ろうけん》たちのために、「フィガロハウス」を建《た》てました。ここでは、年《とし》を取《と》ってねたきりになった老犬《ろうけん》が介護《かいご》を受《う》けています。老犬《ろうけん》のほかにも、目《め》の見《み》えない犬《いぬ》、ぎゃくたいを受《う》けて体《からだ》や心《こころ》に重《おも》い障《しょう》がいを持《も》った犬《いぬ》、治《なお》りにくい病気《びょうき》にかかっている犬《いぬ》たちもいます。

ハッピーハウスでは安楽死《あんらくし》させることがありません。最期《さいご》までスタッフがやさしく見守《みまも》って、命《いのち》をまっとうさせています。

「命《いのち》の重《おも》さはみな同《おな》じ」という、ハッピーハウスの思《おも》いを、フィガロハウスを訪《おとず》れると、ひしひしと感《かん》じます。

この本《ほん》を通《つう》じて、「命《いのち》の重《おも》さ」について考《かんが》え、話《はな》しあってもらえると、うれしいです。

プロローグ

――生《う》まれたばかりの子犬《こいぬ》の命《いのち》

生《う》まれて間《ま》もない犬《いぬ》やねこの赤《あか》ちゃんを、生《なま》ゴミのようにすてる人《ひと》がいます。

二〇一四年《ねん》七月《がつ》のことです。※へその緒《お》のついた子犬《こいぬ》がゴミ箱《ばこ》からひろわれ、ハッピーハウスに運《はこ》びこまれました。七頭《とう》のうち、五頭《とう》はすでに息《いき》を引《ひ》きとっていました。生《う》まれてすぐに、初乳《しょにゅう》も飲《の》めないまま、すてられたのでしょう。

初乳《しょにゅう》とは、お母《かあ》さんから初《はじ》めて出《で》るお乳《ちち》のことで、赤《あか》ちゃんをいろいろな悪《わる》いものから守《まも》る成分《せいぶん》が、たくさんふくまれています。

初乳《しょにゅう》を飲《の》み、お母《かあ》さんの温《あたた》かい体《からだ》にだかれて、赤《あか》ちゃんの命《いのち》が守《まも》られるのです。初乳《しょにゅう》を飲《の》んでいないと、育《そだ》ちにくいのです。

「せめて、この二頭《とう》の子《こ》たちだけでも、救《すく》いたい。」

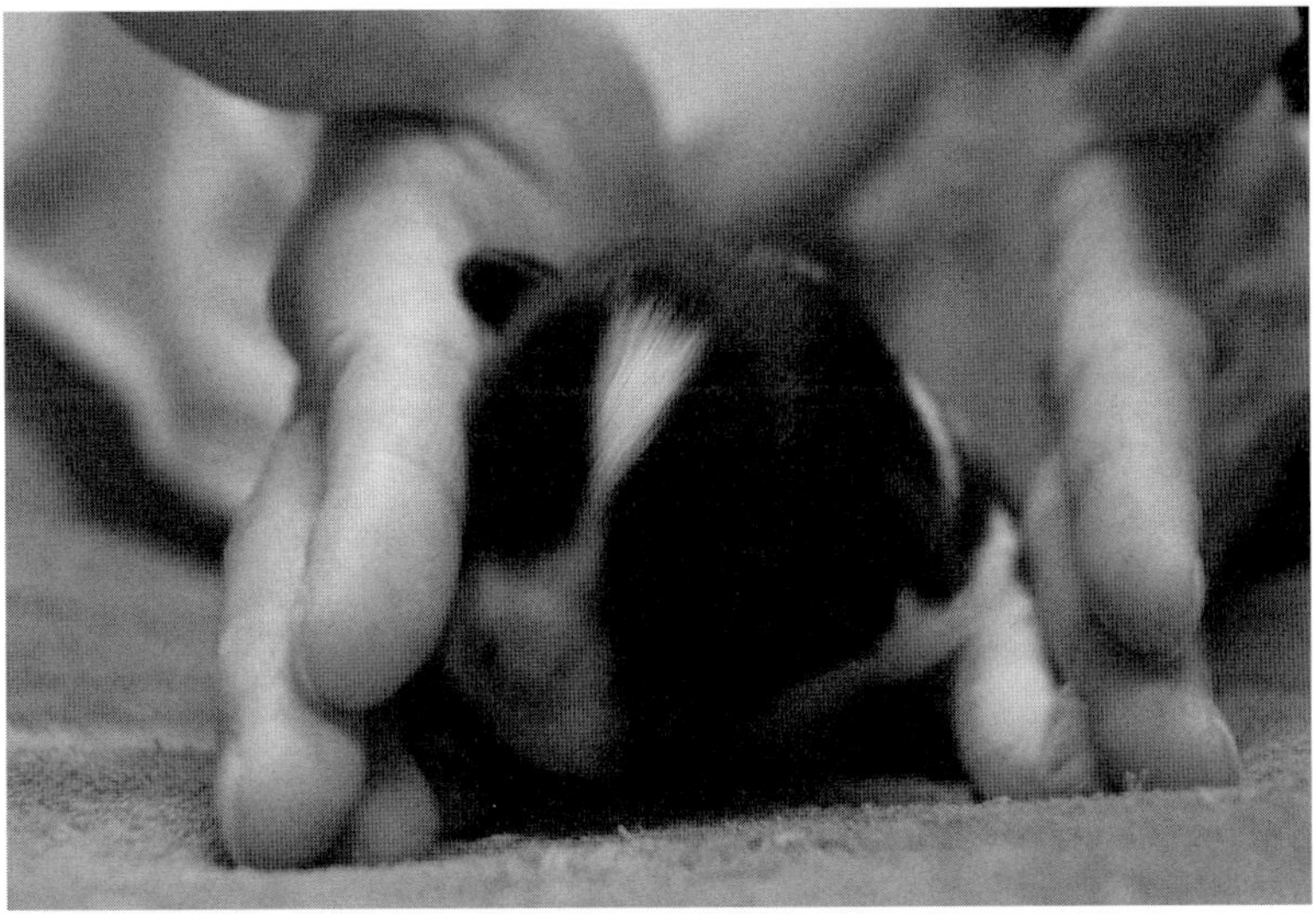

手《て》の中《なか》に入《はい》るほど小《ちい》さかった。

※へその緒《お》＝おなかの中《なか》にいる赤《あか》ちゃんと母親《ははおや》を結《むす》ぶ管《くだ》のようなもの。
ここを通《とお》して赤《あか》ちゃんに酸素《さんそ》や栄養《えいよう》を送《おく》る。

ハッピーハウスのスタッフたちは、そう願《ねが》いながら、二頭《とう》に名前《なまえ》をつけました。

「だんご」と、「らんまる」です。

だんごは、ミルクをよく飲《の》みました。このようすなら、助《たす》かりそうです。

しかし、らんまるのほうは飲《の》む力《ちから》が弱《よわ》く、ぐったりして、危険《きけん》な状態《じょうたい》になりました。二度目《どめ》にぐったりしたときは、呼吸《こきゅう》がしにくくなったので、酸素《さんそ》を十分満《じゅうぶんみ》たした保育器《ほいくき》に入《い》れました。

生《う》まれたばかりの赤《あか》ちゃんには、ミルクを二、三時間《じかん》おきに飲《の》ませなければなりません。ということは、だれかが夜中《よなか》にミルクをあげなければなりません。

スタッフのK《ケイ》さんは、仕事《しごと》が終《お》わって家《いえ》に帰《かえ》るときに、だんごとらんまるを自宅《じたく》に連《つ》れて帰《かえ》り、夜中《よなか》も二時間《じかん》おきに起《お》きて、ミルクをやりました。

K《ケイ》さんは、子《こ》どものころから犬《いぬ》が大好《だいす》きでした。

K《ケイ》さんが小学校《しょうがっこう》四年生《ねんせい》のときのことです。近所《きんじょ》で雑種《ざっしゅ》の子犬《こいぬ》が生《う》まれたと聞《き》いたので、学校《がっこう》の帰《かえ》りに見《み》によりました。

「かわいいっ。」

だっこしたら、そのかわいさにたまらなくなり、その場《ば》で飼《か》い主《ぬし》からゆずってもらい、家《いえ》に帰《かえ》りました。ところが、何《なん》の相談《そうだん》もなく連《つ》れて帰《かえ》ってきたことを両親《りょうしん》からひどくしかられ、次《つぎ》の日《ひ》に子犬《こいぬ》を返《かえ》しに行《い》きました。

その後《ご》、三日三晩《みっかみばん》、泣《な》きつづけていると、それを見《み》かねたのでしょうか、両《りょう》親《しん》が、

「自分《じぶん》で犬《いぬ》の世話《せわ》をすると約束《やくそく》ができるなら。」

と、子犬《こいぬ》をもらうことをゆるしてくれました。とぶようにその家《いえ》に行《い》ったのですが、もう子犬《こいぬ》はもらわれてしまっていたのです。

あきらめるのに、また三日三晩《みっかみばん》、泣《な》きつづけました。

それから一年近《ねんちか》くたった誕生日《たんじょうび》に、両親《りょうしん》が犬《いぬ》をプレゼントしてくれました。パグの子犬《こいぬ》でした。Ｋ《ケイ》さんは一日《にち》もかかさず、自分《じぶん》で散歩《さんぽ》と食事《しょくじ》の世話《せわ》をしました。

犬《いぬ》が十四歳《さい》で天寿《てんじゅ》をまっとうしたとき、Ｋ《ケイ》さんは社会人《しゃかいじん》になっていました。人生《じんせい》の半分以上《はんぶんいじょう》をいっしょに過《す》ごした犬《いぬ》がいなくなったことで、心《こころ》にぽっかりあなが開《あ》いてしまい、何《なに》も手《て》につきませんでした。これが、ペットロス※なんだと思《おも》いました。

（あのとき、ほしいだけ食《た》べさせてやればよかった。）

（セーターをかんでやぶってしまったときに、しからなければよかった。）

（好《す》きだよって、もっと、もっと、いってやればよかった。）

そんなことばかりを考《かんが》えて後悔《こうかい》していたある日《ひ》、インターネットで、たまたまハッピーハウスの存在《そんざい》を知《し》りました。すてられたり、ぎゃくたいされたりする犬《いぬ》やねこたちが、世《よ》の中《なか》にこんなにたくさんいることを知《し》って、ショックを受《う》けました。

（くよくよしている場合《ばあい》ではない。世《よ》の中《なか》には助《たす》けを待《ま》っている犬《いぬ》がいる。わたしにできることをしなければ。）

落《お》ちこんでいた気持《きも》ちを一気《いっき》に前向《まえむ》きにさせてくれたのが、ハッピーハウスの存在《そんざい》でした。ハッピーハウスで働《はたら》くことで、K《ケイ》さんはペットロスから立《た》ちなおることができました。

さて、二時間《じかん》おきにミルクをあたえなければならない、らんまるとだんごの世話《せわ》でしたが、K《ケイ》さんは「ねむい」とか、「しんどい」と思《おも》ったことがありません。ただただ、二頭《とう》が元気《げんき》に育《そだ》ってほしいと思《おも》い、がんばりました。

※ペットロス（ペットロス症候群《しょうこうぐん》）＝ペットと死別《しべつ》したり、ペットが行方不明《ゆくえふめい》になったりしたときの悲《かな》しみが引《ひ》きおこす、体《からだ》や心《こころ》の変化《へんか》。

呼吸《こきゅう》がしにくい状態《じょうたい》のらんまるには、酸素《さんそ》を満《み》たした保育器《ほいくき》が必要《ひつよう》です。しかし、Ｋ《ケイ》さんの自宅《じたく》にはありません。そこで、酸素《さんそ》ボンベとビニールでかんたんな酸素室《さんそしつ》を作《つく》り、そこでらんまるのめんどうをみました。鼻《はな》がつまって苦《くる》しくなると、らんまるは悲鳴《ひめい》をあげます。

「アァー！　アァー！」

それはまるで、人間《にんげん》の赤《あか》ちゃんが泣《な》いているような大《おお》きな声《こえ》でした。

(このままでは、呼吸《こきゅう》が止《と》まってしまう。)

Ｋ《ケイ》さんは思《おも》いきって、つまった鼻《はな》を自分《じぶん》の口《くち》ですってやりました。何《なん》だか、らんまるのお母《かあ》さんになったような気持《きも》ちがしました。

らんまるに酸素室《さんそしつ》がいらなくなったのは、保護《ほご》してから二十日《はつか》がたったときのことでした。

すくすく育《そだ》っていった「だんご」（右《みぎ》）と、状態《じょうたい》の悪《わる》い「らんまる」（左《ひだり》）には、こんなに差《さ》ができた。

だんごは、イケメン。

らんまるは、ぶちゃかわ。

だんごとらんまるは、なかよしで、いつもいっしょです。おやつを別々《べつべつ》にやっても、一皿《さら》のおやつをいっしょに食《た》べて、それを食《た》べおわったら、いっしょに、もう一つのお皿《さら》にうつります。

どちらかが走《はし》りだすと、もう一頭《とう》も走《はし》りだします。どちらかがねむくなって丸《まる》くなってねると、もう一頭《とう》も丸《まる》くなります。

そんなある日《ひ》、「だんごちゃんを、うちの子《こ》に」と声《こえ》をかけてくれたのは、以前《いぜん》にハッピーハウスから二頭《とう》の犬《いぬ》を引《ひ》きとったことがある一家《いっか》です。

K《ケイ》さんは、ほっとする一方《いっぽう》、ひとりぼっちになってしまうらんまるが、心配《しんぱい》でなりません。赤《あか》ちゃんのころ、（死《し》んでしまうかも）と、何回《なんかい》ひやっとしたことでしょう。手《て》がかかった分《ぶん》、もし、どこかへもらわれていっても、ずうっ

遊《あそ》ぶときもいっしょの、だんご（右《みぎ》）とらんまる（左《ひだり》）。

と心配《しんぱい》が続《つづ》きそうに思《おも》いました。それなら、自分《じぶん》で引《ひ》きとろうと決心《けっしん》しました。決心《けっしん》したものの、問題《もんだい》がありました。Kさん《ケイ》は、すでに笹子《ささこ》という大型《おおがた》の犬《いぬ》を飼《か》っていたのです。笹子《ささこ》もハッピーハウスで保護《ほご》した犬《いぬ》ですが、笹子《ささこ》は、大《だい》の犬《いぬ》ぎらいでした。ひとりぐらしのK《ケイ》さんは、仕事《しごと》をしているとき、笹子《ささこ》をハッピーハウスの事務所《じむしょ》の中《なか》で待《ま》たせているのですが、笹子《ささこ》は、ほかの犬《いぬ》に対《たい》して気《き》に入《い》らないと、うなるようにほえ、とびかかることもあります。

らんまるが赤《あか》ちゃんのときには、笹子《ささこ》に見《み》えないようにかくして家《いえ》に連《つ》れて帰《かえ》ることもできたのですが、飼《か》うとなると、かくしておくわけにはいきません。

（笹子《ささこ》、らんまると、うまくやっていけるかな。）

とりあえずは、「笹子《ささこ》さま作戦《さくせん》」です。何《なに》をするにも、笹子《ささこ》がいちばん。「おはよう」となでてやるのは笹子《ささこ》から。ごはんやおやつも笹子《ささこ》から。よしよしするのも笹子《ささこ》から。笹子《ささこ》がたより。笹子《ささこ》のおかげ。笹子《ささこ》ちゃん、だーい好《す》き。そんなムードを作《つく》りました。

その結果《けっか》、らんまるは、笹子《ささこ》がいちばんだと思《おも》うようになりました。最初《さいしょ》は、らんまるにおこっていた笹子《ささこ》も、だんだんなれて、いっしょにハッピーハウスに出勤《しゅっきん》して、事務所《じむしょ》でいっしょに待《ま》てるようになりました。

最近《さいきん》、のら犬《いぬ》は、ほとんど見《み》かけなくなりました。そのため、のら犬《いぬ》の産《う》んだ子犬《こいぬ》が持《も》ちこまれるケースは、ハッピーハウスでは年《ねん》に一度《ど》あるかないかです。

それにくらべ、のらねこは、まだ多《おお》く、しかも※避妊《ひにん》や去勢手術《きょせいしゅじゅつ》をしていないことが多《おお》いので、たくさんの子《こ》ねこが生《う》まれます。そういう子《こ》ねこを見《み》つけた人《ひと》が、箱《はこ》や紙袋《かみぶくろ》に入《い》れて、「保護《ほご》してください」と連《つ》れてくるのです。一年《ねん》で百ぴきくらいにもなります。

※避妊《ひにん》や去勢《きょせい》＝赤《あか》ちゃんができないようにすること。オスには去勢手術《きょせいしゅじゅつ》を、メスには避妊手術《ひにんしゅじゅつ》をする。

飼《か》いねこでも、避妊手術《ひにんしゅじゅつ》をしていなかったために、ふえてしまってこまっているという相談《そうだん》を、ハッピーハウスでは、しばしば受《う》けます。多《おお》いときは一家《いっか》で三十ぴきにもなっていることがあります。そんなときには、保護《ほご》することになるのですが、それぞれのねこに避妊《ひにん》や去勢手術《きょせいしゅじゅつ》をしてから、新《あたら》しい家族《かぞく》をさがします。

命《いのち》を守《まも》る舞台《ぶたい》

★ハッピーハウスって、どんなところ？

ハッピーハウスは、大阪府能勢町《おおさかふのせちょう》の人里《ひとざと》はなれた山《やま》の中《なか》にあります。車《くるま》でしか行《い》くことができないのですが、たいていの人《ひと》は、道《みち》に迷《まよ》ってしまうほど、くねくね入《い》りくんだ山《やま》のおくです。

訪問《ほうもん》の予約《よやく》をしておくと、ハッピーハウスの車《くるま》が、最寄《もよ》りの私鉄《してつ》の駅《えき》までむかえに来《き》てくれます。でこぼこした細《ほそ》い山道《やまみち》を進《すす》んでたどりつくと、ほっとします。

山小屋風《やまごやふう》の建物《たてもの》が受付《うけつけ》です。

まわりの雑木林《ぞうきばやし》をふくめて、広《ひろ》さは約《やく》二千坪近《つぼちか》くあります。一つの小学校《しょうがっこう》ぐらいの広《ひろ》さです。そこに、犬舎《けんしゃ》やねこ部屋《べや》があって、犬《いぬ》・ねこ合《あ》わせて、六百頭近《とうちか》くが、保護《ほご》されています。にわとりや、うさぎ、ときには、たぬきもいます。

迷子《まいご》もいれば、すてられたり、ペットショップがつぶれて置《お》き去《ざ》りにされたり、たくさん飼《か》いすぎて手《て》におえなくなったり、飼《か》い主《ぬし》が年《とし》を取《と》ったり、ひとりぐらしの飼《か》い主《ぬし》が亡《な》くなってしまったり、保護《ほご》の理由《りゆう》はさまざまですが、どの犬《いぬ》やねこたちも、ここで命《いのち》を守《まも》ってもらっています。

ハッピーハウスには、代表《だいひょう》の甲斐尚子《かいしょうこ》さんを中心《ちゅうしん》に、四十名前後《めいぜんご》のスタッフがいます。毎日《まいにち》の世話《せわ》をしている飼育班《しいくはん》をはじめ、訓練班《くんれんはん》、受付班《うけつけはん》、募金班《ぼきんはん》、事務《じむ》・広報班《こうほうはん》などに分《わ》かれています。ほかに、診療所《しんりょうじょ》のしせつもあり、獣医《じゅうい》や看護師《かんごし》、訓練士《くんれんし》もいます。

ハッピーハウスの
入《い》り口《ぐち》にある
看板《かんばん》。

ハッピーハウスの
受付《うけつけ》。
犬《いぬ》もいっしょに
出《で》むかえてくれる。

スタッフが
撮影《さつえい》した写真《しゃしん》の
ポスター。

犬《いぬ》やねこを保護《ほご》したら、スタッフは、次《つぎ》のような対応《たいおう》をします。

写真《しゃしん》をとり、一頭《とう》ずつファイルを作《つく》る。

↓

診療所《しんりょうじょ》で健康診断《けんこうしんだん》をし、カルテを作《つく》る。

↓

病気《びょうき》の予防注射《よぼうちゅうしゃ》をうつ。

↓

警察《けいさつ》や動物愛護《どうぶつあいご》センターにとどけでる。

↓

迷子《まいご》の可能性《かのうせい》があるようなら、元《もと》の飼《か》い主《ぬし》をさがす。

↓

犬《いぬ》は役所《やくしょ》で登録《とうろく》する。

↓

けがや病気《びょうき》があれば、診療所《しんりょうじょ》で治療《ちりょう》をする。

↓

かみぐせのある犬《いぬ》は、訓練士《くんれんし》がしつける。

↓

飼《か》い主《ぬし》がわからない犬《いぬ》やねこは、避妊《ひにん》や去勢《きょせい》の手術《しゅじゅつ》をする。

そして、次《つぎ》にすることは、新《あたら》しい飼《か》い主《ぬし》を見《み》つけること。それがハッピーハウスの役目《やくめ》です。

ハッピーハウスで保護《ほご》され、新《あたら》しい飼《か》い主《ぬし》と出会《であ》い、家族《かぞく》の一員《いちいん》として幸《しあわ》せにくらすことになった犬《いぬ》やねこは、これまでに四千頭《とう》以上《いじょう》にもなります。

新《あたら》しく飼《か》い主《ぬし》になるきっかけは、ホームページを見《み》て会《あ》いに来《き》たり、しせつの見学《けんがく》に来《き》て、「この子《こ》をうちの子《こ》に」と申《もう》しでるなどです。また、ハッピーハウスで発行《はっこう》している「ハッピーハウス通信《つうしん》」を見《み》て申《もう》しこむ人《ひと》もいます。年《ねん》に二回《かい》、ハッピーハウスで行《おこな》われるイベント、「にゃんだ祭《まつ》り」、「里親祭《さとおやまつ》り」に参加《さんか》して、犬《いぬ》やねことふれあって、里親《さとおや》になる人《ひと》もいます。以前《いぜん》にハッピーハウスから引《ひ》きとった家族《かぞく》が、また別《べつ》の犬《いぬ》やねこを引《ひ》きとることもあります。

いずれにしても、その家《いえ》にもらわれていくことで今度《こんど》こそ幸《しあわ》せになれるか、希望者《きぼうしゃ》と何度《なんど》も話《はな》しあいがあります。

新《あたら》しい飼《か》い主《ぬし》が決《き》まると、その犬《いぬ》やねこの背中《せなか》に、マイクロチップをうめこみます。

マイクロチップは、直径《ちょっけい》1ミリ、長《なが》さが約《やく》10ミリの、小《ちい》さな電子部品《でんしぶひん》です。部品《ぶひん》には、世界《せかい》でただ一つの15けたの番号《ばんごう》が記録《きろく》されていて、専《せん》用《よう》の機械《きかい》でその番号《ばんごう》を読《よ》みとることができます。迷子《まいご》になったときには、その機械《きかい》を使《つか》えば、飼《か》い主《ぬし》がだれか、わかります。

さらに、首輪《くびわ》に飼《か》い主《ぬし》の名前《なまえ》が書《か》かれた、ステンレスせいの名札《なふだ》もつけます。これも飼《か》い主《ぬし》がわかるよう

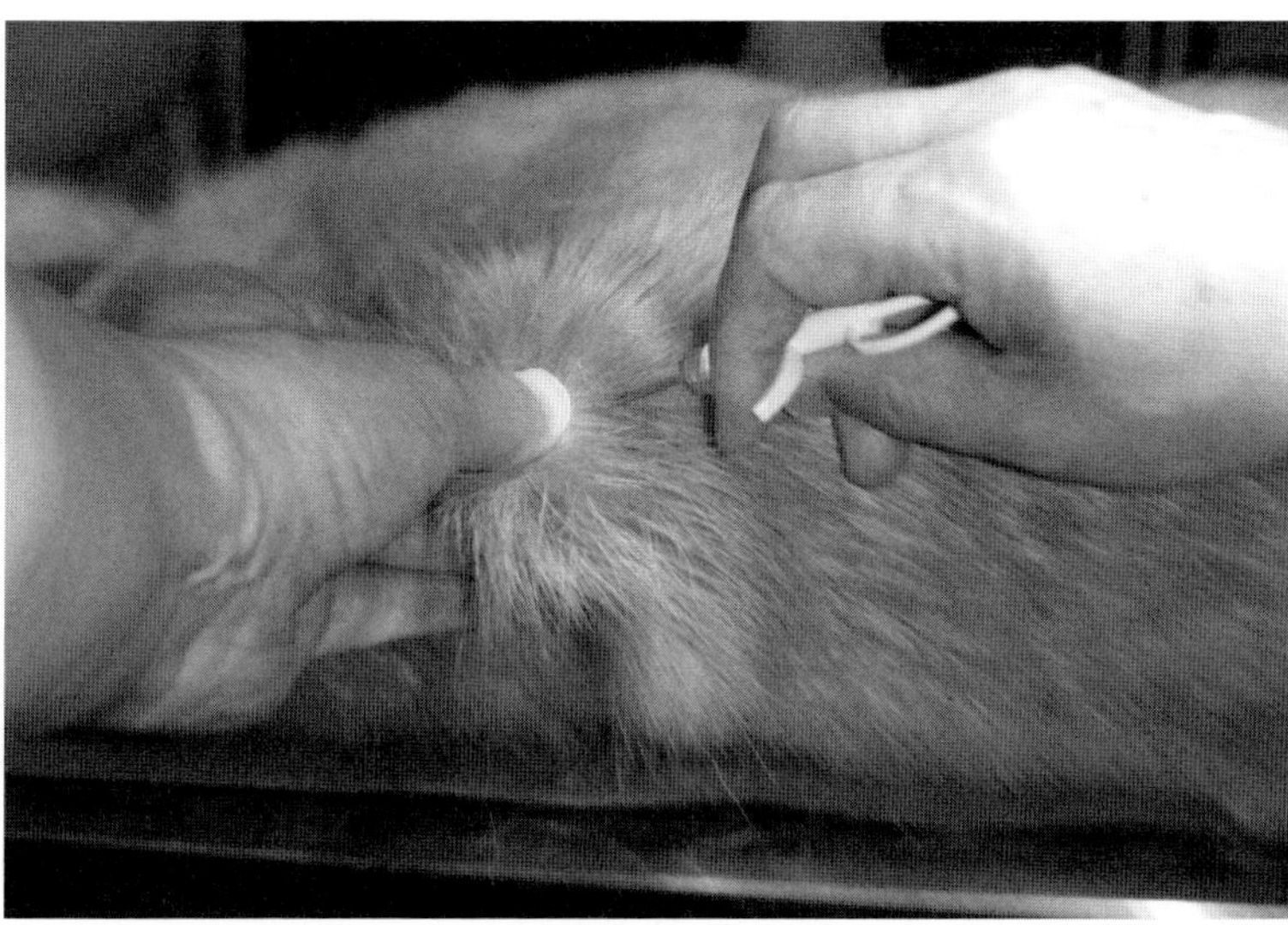

背中《せなか》にマイクロチップを注入《ちゅうにゅう》する。体内《たいない》で移動《いどう》することは、ほとんどない。

にするための工夫《くふう》のひとつです。

午前中《ごぜんちゅう》は、スタッフ全員《ぜんいん》で、小屋《こや》のそうじや、えさやりをしますが、午後《ごご》からは、それぞれの班《はん》ごとの仕事《しごと》をします。

飼育班《しいくはん》は、犬係《いぬがかり》とねこ係《がかり》、老犬係《ろうけんがかり》に分《わ》かれています。

犬係《いぬがかり》は一頭《とう》ごとの体調管理《たいちょうかんり》をしています。さまざまな体型《たいけい》、性格《せいかく》、年《ねん》れいのちがっている犬《いぬ》の飼育《しいく》には、体力《たいりょく》と気《き》くばりが必要《ひつよう》です。えさは、犬《いぬ》の体重《たいじゅう》や好《この》みに合《あ》わせて一頭《とう》一頭《とう》変《か》えているので、食器《しょっき》を回収《かいしゅう》するときに、食《た》べた量《りょう》を確認《かくにん》して、体調管理《たいちょうかんり》をしています。

ねこは、えさを一気《いっき》に食《た》べないので、いつでも食《た》べられるように、つねにえさをおいています。どのねこがどれだけ食《た》べたかは、正確《せいかく》にはわかりません。体調《たいちょう》が悪《わる》くても、犬《いぬ》とくらべてあまり表現《ひょうげん》しません。そのため、ねこ係《がかり》は、

大《おお》きなおかまで
たいたご飯《はん》を、
ステンレスの食器《しょっき》に
もりつける。

体調《たいちょう》や好《この》みに合《あ》わせて、
1頭《とう》ごとにちがう
食事《しょくじ》を用意《ようい》する。

世話《せわ》をしながらつねにようすを見《み》て、それぞれの体調管理《たいちょうかんり》や健康《けんこう》チェックをしなければなりません。

老犬係《ろうけんがかり》は、健康《けんこう》チェックはもちろん、二、三人《にん》のスタッフで食《た》べさせたり、トイレの手助《てだす》け、介護《かいご》など、細《こま》やかな世話《せわ》をしています。

受付班《うけつけはん》は、ハッピーハウスをたずねてくる人《ひと》の対応《たいおう》をします。犬《いぬ》やねこを見《み》に来《く》る人《ひと》、新聞紙《しんぶんし》や毛布《もうふ》、ペット用品《ようひん》などの寄付《きふ》をしてくれる人《ひと》、ペットの相談《そうだん》をしに来《く》る人《ひと》などの対応《たいおう》や、電話《でんわ》の応対《おうたい》もします。もちろん、保護犬《ほごけん》や保護《ほご》ねこの引《ひ》きとりもします。また受付《うけつけ》のまわりには、目《め》くばりをしなければならない犬《いぬ》やねこたちがつねにいて、その世話《せわ》もします。

募金班《ぼきんはん》は、募金活動《ぼきんかつどう》のため街頭《がいとう》に出《で》かけます。資金集《しきんあつ》めはもちろんですが、それだけでなく、犬《いぬ》やねこたちのおかれている現状《げんじょう》、命《いのち》の大切《たいせつ》さなどを、もっとたくさんの人《ひと》に伝《つた》えたいというスタッフみんなの思《おも》いを背負《せお》っています。

事務《じむ》・広報班《こうほうはん》は、ホームページの更新《こうしん》、ハッピーハウス通信《つうしん》の発行《はっこう》、また会《かい》員《いん》として定期的《ていきてき》にお金《かね》を寄付《きふ》してくれる人《ひと》をさがします。チャリティーやイベントがあれば、ハッピーハウスの犬《いぬ》を連《つ》れて参加《さんか》するように段取《だんど》りをつけます。寄付金《きふきん》などのお金《かね》の管理《かんり》も大切《たいせつ》な仕事《しごと》です。

診療所《しんりょうじょ》では、保護《ほご》した犬《いぬ》やねこに、予防注射《よぼうちゅうしゃ》や去勢《きょせい》・避妊《ひにん》の手術《しゅじゅつ》をします。けがをしていたり、診断《しんだん》の結果《けっか》、病気《びょうき》とわかれば、治療《ちりょう》のため入院室《にゅういんしつ》に入《い》れます。予防注射《よぼうちゅうしゃ》や去勢《きょせい》・避妊手術《ひにんしゅじゅつ》は、一般《いっぱん》の犬《いぬ》やねこも受《う》け付《つ》けています。

二〇一七年現在《ねんげんざい》、三名《めい》の獣医《じゅうい》が交代《こうたい》で診療所《しんりょうじょ》で診療《しんりょう》しています。獣医《じゅうい》が不在《ふざい》

その日《ひ》の状態《じょうたい》を
チェックする、ねこ
飼育班《しいくはん》のスタッフ。

入院室《にゅういんしつ》で介護《かいご》を
受《う》けるねこ。

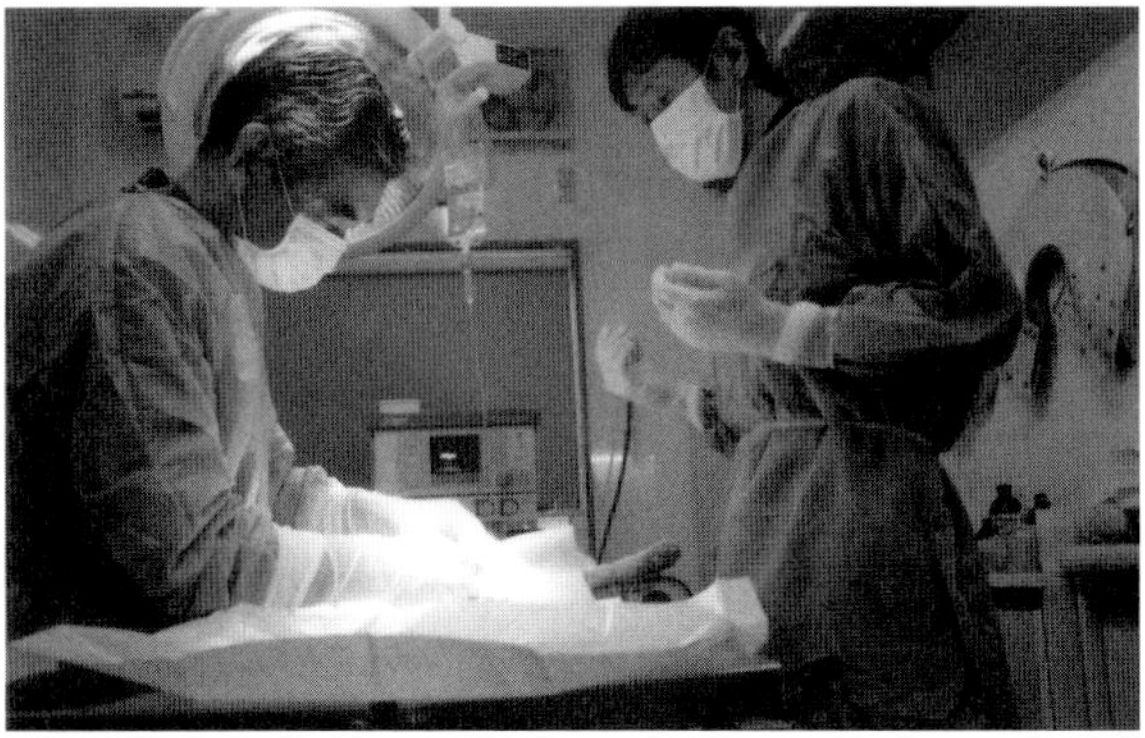

診察《しんさつ》や手術《しゅじゅつ》に
たずさわる獣医《じゅうい》。

のときもあり、そのときは、三名《めい》の看護師《かんごし》が獣医《じゅうい》の指示《しじ》にそって治療《ちりょう》をしています。

訓練士班《くんれんしはん》は、犬《いぬ》が人間社会《にんげんしゃかい》で生《い》きていくのに必要《ひつよう》なルールを教《おし》えたり、ほえぐせや、かみぐせのある場合《ばあい》は、しつけ指導《しどう》します。

新《あたら》しく飼《か》い主《ぬし》になる人《ひと》には、その性格《せいかく》を伝《つた》え、どうすれば信頼関係《しんらいかんけい》をきずけるかを教《おし》えています。遊《あそ》びや日々《ひび》の食事《しょくじ》なども大切《たいせつ》なので、それぞれの犬《いぬ》に、合《あ》った方法《ほうほう》を伝《つた》えています。

★ハッピーハウスを作《つく》ったきっかけ

ハッピーハウスは、甲斐尚子《かいしょうこ》さんが一九九〇年《ねん》に立《た》ちあげました。

甲斐《かい》さんには、自分《じぶん》の不注意《ふちゅうい》で愛犬《あいけん》を死《し》なせてしまったという、つらい思《おも》い出《で》がありました。

家族《かぞく》が入院《にゅういん》していた大病院《だいびょういん》の庭《にわ》に、かん者《じゃ》さんが持《も》ちこんだ一頭《とう》のカラフト犬《けん》が放《はな》し飼《が》いされていました。保健所《ほけんじょ》の人《ひと》が収容《しゅうよう》しに来《く》るので、その前《まえ》に助《たす》けてほしいと、病院《びょういん》の関係者《かんけいしゃ》からたのまれた甲斐《かい》さんは、その犬《いぬ》を保護《ほご》し、クロと名《な》づけ、とてもかわいがっていました。

年月《ねんげつ》がたち、クロも老犬《ろうけん》になった、ある日《ひ》のことでした。散歩《さんぽ》のとちゅう、自分《じぶん》の用事《ようじ》をすませるために、クロのリードを土手《どて》の木《き》にくくりつけました。

「待《ま》っていてね、すぐにもどるから。」

いつものように頭《あたま》をなでて、その場《ば》をはなれました。数歩《すうほ》行《い》くと、クロの声《こえ》が聞《き》こえたような気《き》がしたのでふりかえると、信《しん》じられないことが起《お》こっていたのです。

クロが土手《どて》から足《あし》をすべらせて、リードでちゅうづりになっていたのです。

クロは、そのまま息《いき》をふきかえしませんでした。

まさか土手《どて》から足《あし》をすべらせるなんて……。予想《よそう》できなかったこととはいえ、自分《じぶん》の不注意《ふちゅうい》から起《お》こったこのアクシデントに甲斐《かい》さんはとても落《お》ちこみ、このことがいつまでも頭《あたま》からはなれませんでした。

「ごめんね、クロ。もっともっと長生《ながい》きできたのにね。」

生《い》きていれば、いろいろ楽《たの》しいことがあったにちがいないと甲斐《かい》さんは思《おも》い、自分《じぶん》をせめました。そして、しばらくはペットロスのため、何《なに》をしていても上《うわ》の空《そら》でした。

そんな中《なか》でも、道《みち》ですて犬《いぬ》やすてねこを見《み》つけると、今《いま》までにもまして、見《み》て見《み》ぬふりはできなくなりました。クロの代《か》わりに、何《なん》とか助《たす》けたいと思《おも》ったのです。

次々《つぎつぎ》と保護《ほご》していくうちに、犬《いぬ》が八頭《とう》、ねこが六十ぴきにもなってしまいました。このまま家《いえ》で飼《か》っていては、近所《きんじょ》に住《す》む人《ひと》のめいわくになってしまいます。どこかに動物《どうぶつ》をたくさん飼《か》えるところはないだろうかと、人里《ひとざと》はなれたところを、あちこちさがしていました。

そして、一九九〇年《ねん》、現在《げんざい》の能勢町《のせちょう》の山《やま》おくに土地《とち》を持《も》っている人《ひと》と出会《であ》いました。当時《とうじ》八十歳《さい》の地主《じぬし》さんは、こういってくれました。

「もともと土地《とち》いうもんは、個人《こじん》がどくせんするべきもんやないんや。かわいそうな犬《いぬ》やねこのために使《つか》うんやったら、使《つこ》うてんか。土地《とち》もよろこぶやろ。」

甲斐《かい》さんはその土地《とち》を借《か》り、犬《いぬ》やねこを収容《しゅうよう》できるような家《いえ》を、自分《じぶん》のお金《かね》で建《た》てました。二十畳《じょう》のリビングがある家《いえ》です。

これが、ハッピーハウスの始《はじ》まりです。

夜《よる》になると人《ひと》けのない山《やま》おくで、たったひとりで犬《いぬ》やねこの世話《せわ》をするなんて、こわくなかったのでしょうか。甲斐《かい》さんは笑《わら》いながら答《こた》えます。

「ちっとも。だって、動物《どうぶつ》たちといっしょだったもの。」

犬《いぬ》やねこは、まもなく百頭《ひゃくとう》になり、昼間《ひるま》は手伝《てつだ》ってくれる人《ひと》に犬《いぬ》やねこの世話《せわ》をまかせて、甲斐《かい》さんはそこから会社《かいしゃ》に通《かよ》っていました。動物《どうぶつ》たちのえさ代《だい》をかせがなくてはならなかったからです。

その後《ご》、人《ひと》づてに安楽死《あんらくし》をさせないハッピーハウスのことを聞《き》いて、

1995年《ねん》ころのハッピーハウス。

ねこや犬《いぬ》を連《つ》れてくる人《ひと》がいて、保護《ほご》する動物《どうぶつ》たちが、さらにまたふえていきました。これ以上《いじょう》、動物《どうぶつ》の世話《せわ》を人《ひと》にまかせてはいられません。

仕事《しごと》をやめて、動物保護活動《どうぶつほごかつどう》に専念《せんねん》することにしました。

実家《じっか》からお金《かね》を借《か》り、動物《どうぶつ》の部屋《へや》を建《た》てましし、貯金《ちょきん》をくずしながら、保護《ほご》活動《かつどう》を続《つづ》けていました。

ひとりの女性《じょせい》が、手伝《てつだ》いたいとたずねてきました。その女性《じょせい》が初《はじ》めてのスタッフでした。

その後《ご》、少《すこ》しずつスタッフがふえていきました。

ハッピーハウスのスタッフ紹介《しょうかい》

岩田光浩《いわたみつひろ》さん（犬飼育班《いぬしいくはん》）

老《お》いても病気《びょうき》をしても見守《みまも》っているよ

●入社《にゅうしゃ》のきっかけは？

鉄鋼関係《てっこうかんけい》の仕事《しごと》をしていましたが、犬《いぬ》が大好《だいす》きで飼育《しいく》の仕事《しごと》をしたくて転職《てんしょく》しました。入社当初《にゅうしゃとうしょ》は、犬《いぬ》にほえられたりかまれたりして、精神的《せいしんてき》にも体力的《たいりょくてき》にもきびしかったです。３年《ねん》はやめないで続《つづ》けようと決心《けっしん》して仕事《しごと》をおぼえ、今年《ことし》で５年目《ねんめ》になります。

●今《いま》の仕事《しごと》は？

老犬《ろうけん》の世話《せわ》をしています。状態《じょうたい》を把握《はあく》して、異変《いへん》にはすばやく対処《たいしょ》します。最期《さいご》をむかえる犬《いぬ》には、「お疲れさま、ありがとう」という気持《きも》ちがわいてきます。悲《かな》しいけれど、その犬《いぬ》の世話《せわ》や介護《かいご》にたずさわった体験《たいけん》を元《もと》に、今後《こんご》に生《い》かせることをスタッフみんなで考《かんが》えます。

●これから目指《めざ》すことは？

子《こ》どもたちに命《いのち》の大切《たいせつ》さを感《かん》じてもらえる機会《きかい》を作《つく》りたいです。動物《どうぶつ》を飼《か》ったことがない子《こ》が多《おお》いので、イベントや見学会《けんがくかい》で、実際《じっさい》に犬《いぬ》やねこにふれてほしいですね。

命《いのち》を守《まも》る現場《げんば》

★助《たす》かった命《いのち》と、助《たす》からなかった命《いのち》

二〇一五年《ねん》二月《がつ》、ココとララというねこが、ハッピーハウスに来《き》ました。二ひきは、ペットとしてかわいがられていたのですが、飼《か》い主《ぬし》のおばあさんが亡《な》くなってしまったのです。

ココは十歳《さい》のおじいさんねこ、ララは十四歳《さい》のおばあさんねこでした。

二ひきとも老《ろう》ねこなので、ねこたちが集団《しゅうだん》でくらしているハウスではなく、入院室《にゅういんしつ》に保護《ほご》されました。入院室《にゅういんしつ》のケージはゆったりしていて、きゅうくつな感《かん》じはあまりないのですが、環境《かんきょう》が変《か》わったことで、二ひきは、おなかをこわ

してしまいました。そのうえララは、鼻水《はなみず》と目《め》やにが出《で》ていました。検査《けんさ》の結果《けっか》、ララはねこエイズ※という病気《びょうき》にかかっていることがわかりました。

「ララは年《とし》を取《と》っているし、ねこエイズでは、もらい手《て》がないでしょうね。」

このままハッピーハウスの入院室《にゅういんしつ》で、ずっとくらすことになると、スタッフたちは思《おも》っていました。

そんなときに、瀬木《せぎ》さんという女性《じょせい》が、夫婦《ふうふ》でハッピーハウスをおとずれて、こういいました。

「だれももらわないような、大変《たいへん》なねこがいれば、引《ひ》きとります。」

どういうことでしょう。スタッフがけげんに思《おも》いながらも、ララをふくめて何《なん》びきかをリストアップすると、瀬木《せぎ》さんは、「この十四歳《さい》のエイズのおばあさんねこ、ララにします」といったのです。

※ねこエイズ＝ウイルスに感染《かんせん》することによって引《ひ》きおこされる病気《びょうき》で、風邪《かぜ》の症状《しょうじょう》が出《で》たり、口《くち》の中《なか》に炎症《えんしょう》ができたりする。ウイルスにきく薬《くすり》は、まだ開発《かいはつ》されていない。人《ひと》や犬《いぬ》にはうつらない。

瀬木《せぎ》さんは、以前《いぜん》、ねこエイズにかかったねこを保護《ほご》していたことがあって、ねこエイズが人《ひと》にうつらないことも知《し》っていました。

さらに、ララといっしょにくらしているココのことを知《し》った瀬木《せぎ》さんは、夫《おっと》と相談《そうだん》して、「引《ひ》きはなすのはかわいそう」と、ココも、いっしょに引《ひ》きとってくれることになりました。

老《ろう》ねこで、しかもエイズにかかって目《め》やにも鼻水《はなみず》もたらしているねこを、だきあげて、ほおずりする瀬木《せぎ》さんに、スタッフは、おどろいたそうです。

今《いま》、ココとララは、瀬木《せぎ》さん夫妻《ふさい》の家《いえ》で、おだやかで、幸《しあわ》せな日々《ひび》を送《おく》っています。

前《まえ》の飼《か》い主《ぬし》は、人《ひと》が食《た》べていたものと同《おな》じものをねこにやっていたのでしょう。瀬木《せぎ》さんが台所《だいどころ》に立《た》つと、（ちょうだい、ちょうだい）というように、二

新《あたら》しい家族《かぞく》を見《み》つけた、おじいさんねこのココ（上《うえ》）と
おばあさんねこのララ（下《した》）。

ひきがそろってねだります。仕方《しかた》なく思《おも》って、味《あじ》をつける前《まえ》のとり肉《にく》や魚《さかな》をやっています。

瀬木《せぎ》さんは、のらねこをつかまえては去勢《きょせい》・避妊手術《ひにんしゅじゅつ》をして放《はな》すという活動《かつどう》を、十年《ねん》も続《つづ》けてきました。きっかけは、夫妻《ふさい》が、兵庫県伊丹市《ひょうごけんいたみし》のアパートに引《ひ》っ越《こ》してきたことに、さかのぼります。

アパートの前《まえ》は、たくさんのバラがさいている公園墓地《こうえんぼち》でした。ある朝《あさ》、公《こう》園《えん》に面《めん》したキッチンに立《た》っていると、外《そと》からねこの鳴《な》き声《ごえ》が聞《き》こえてきました。それも夜《よる》まで、何《なに》かをうったえるように、鳴《な》きつづけています。体《からだ》のしんまで冷《ひ》える、十二月《がつ》三十一日《にち》の夜《よる》のことでした。

気《き》になった瀬木《せぎ》さんは、にぼしを持《も》って、鳴《な》き声《ごえ》のするところへ行《い》きました。すると、二ひきのねこが、瀬木《せぎ》さんの元《もと》にとんできました。子《こ》ねこと年寄《としよ》りのねこのようです。年寄《としよ》りのねこは毛《け》がぼろぼろで、片目《かため》はつぶれていました。瀬木《せぎ》さんは、二ひきににぼしをやりながら、大好《だいす》きだったお父《とう》さんのことを思《おも》い出《だ》しました。この日《ひ》は、ちょうどお父《とう》さんの命日《めいにち》（亡《な》くなった日《ひ》と同《おな》じ日《ひ》）だったからです。

瀬木《せぎ》さんはこれも何《なに》かの縁《えん》だと思《おも》って、次《つぎ》の日《ひ》も、にぼしを持《も》っていきました。でも、ねこたちはいませんでした。気《き》になった瀬木《せぎ》さんは、ねこをさがしました。すると、年寄《としよ》りのねこは、公園《こうえん》の向《む》こう側《がわ》にある大学《だいがく》の門《もん》の近《ちか》くで、ほかのねこといっしょに、ひなたぼっこをしていました。

瀬木《せぎ》さんは、買《か》い物《もの》のついでに、キャットフードを買《か》いました。のらねこにえさをやることをいやがる人《ひと》もいるので、夜《よる》、暗《くら》くなってから、やりに行《い》くと、五、六ぴきのねこがやってきました。

ねこにえさをやる一方《いっぽう》で、ねこの生態《せいたい》はどうなっているか、保護《ほご》はどのようにしたらいいのかなど知《し》るために、手《て》あたりしだいに本《ほん》を読《よ》みました。

かわいそうと思《おも》ってえさをやると、のらねこが、どんどんふえる。そして、つかまえられて、殺処分《さつしょぶん》される……ということは予測《よそく》できました。瀬木《せぎ》さんは、そんな無責任《むせきにん》なことをしたくなかったからです。

本《ほん》を読《よ》んでわかったことは、ねこは交尾《こうび》したら、百《ひゃく》パーセント近《ちか》く子《こ》どもができるということでした。瀬木《せぎ》さんは、のらねこをふやさないようにするには、その地域《ちいき》ののらねこ、すべてに避妊《ひにん》・去勢手術《きょせいしゅじゅつ》をする必要《ひつよう》があることを知《し》りました。

(ここにいる、のらねこたちにも、避妊《ひにん》・去勢手術《きょせいしゅじゅつ》を受《う》けさせよう。)

瀬木《せぎ》さんは、そう決心《けっしん》しました。ケージを用意《ようい》して、チーズやとりのささみなどで引《ひ》きよせ、一ぴきずつ、つかまえました。そして、獣医《じゅうい》さんのところで、避妊《ひにん》・去勢《きょせい》の手術《しゅじゅつ》を受《う》けさせました。そのあと、回復《かいふく》するまで家《いえ》でしばらくめんどうをみて、公園《こうえん》にもどしました。

その後《ご》、瀬木《せぎ》さんは兵庫県宝塚市《ひょうごけんたからづかし》に家《いえ》を建《た》て、引《ひ》っ越《こ》すことになったのですが、年《とし》を取《と》ったねこや病気《びょうき》のねこなど四ひきを、新《あたら》しい家《いえ》に連《つ》れていって飼《か》うことにしました。それまでえさをやっていた責任《せきにん》があると思《おも》ったからです。

残《のこ》ったのらねこは五、六ぴきいましたが、引《ひ》っ越《こ》してからも、瀬木《せぎ》さんは自《じ》転車《てんしゃ》でえさやりに通《かよ》うことにしました。

のらねこは、一週間《しゅうかん》、すがたを見《み》せないことがありました。そんなときは、体調《たいちょう》をくずして、人《ひと》が来《こ》ないような静《しず》かなところで休《やす》んでいたり、別《べつ》の人《ひと》からえさをもらっていたりするようです。

十日《とおか》たっても来《こ》ないときは、そのねこは命《いのち》がつきたと思《おも》われました。

年《とし》を取《と》り、体《からだ》がすっかり弱《よわ》ってしまったねこを獣医《じゅうい》さんに連《つ》れていき、入院《にゅういん》させたことは何回《なんかい》もあります。もう助《たす》からないと診断《しんだん》されれば、家《いえ》に連《つ》れてかえり、最期《さいご》の数日《すうじつ》をいっしょにくらしました。

こうして、一ぴきへり、二ひきへり、とうとう一ぴきもえさを食《た》べに来《こ》なくなるまで、およそ一年間《ねんかん》、台風《たいふう》の日《ひ》も雨《あめ》の日《ひ》も休《やす》むことなく、かっぱを着《き》て、公園《こうえん》まで徒歩《とほ》で四十分《ぷん》の道《みち》のりを瀬木《せぎ》さんは通《かよ》いました。

瀬木《せぎ》さんは、十年間《ねんかん》で十六ぴきのねこを保護《ほご》し、避妊《ひにん》・去勢手術《きょせいしゅじゅつ》を受《う》けさせ、そのうち六ぴきに新《あたら》しい飼《か》い主《ぬし》を見《み》つけました。

瀬木《せぎ》さん自身《じしん》が保護《ほご》して飼《か》っていたねこが最後《さいご》の一ぴきになっていたので、新《あら》たにねこのために自分《じぶん》ができることは何《なに》かないかと思《おも》って、ハッピーハウスに来《き》たのです。

ココとララを引《ひ》きとったあと、ハッピーハウスをおとずれた瀬木《せぎ》さんに、スタッフがお礼《れい》をいうと、

「わたしたちのほうが、幸《しあわ》せをたくさんもらっています。お年寄《としよ》りのねこたち

ですが、子《こ》どもにもどったみたいにあまえてきて、かわいいんですよ。この子《こ》たちのおかげで、家《いえ》では毎日笑顔《まいにちえがお》がたえないんです。」
と、ぎゃくに感謝《かんしゃ》されました。

その一方《いっぽう》で、こんな悲《かな》しいことがありました。

二〇一二年《ねん》の夏《なつ》のことです。ある飲食店《いんしょくてん》の前《まえ》に、段《だん》ボールがおかれていました。

「マスター、この子《こ》たちをよろし

のらねこの世話《せわ》を続《つづ》けた瀬木《せぎ》さん。いっしょにいるのは、新《あら》たにハッピーハウスから引《ひ》きとったグレ。

くお願《ねが》いします。」

というメモとともに、中《なか》には、へその緒《お》がついたままの生《う》まれたばかりの子《こ》ねこが二ひき、入《はい》っていました。どうやら、そのお店《みせ》にバイトに来《き》ていた子《こ》が、おいたようでした。

こまってしまったマスターは、ハッピーハウスにやってきました。どちらも、オスの子《こ》ねこです。母親《ははおや》のおっぱいを一度《ど》も飲《の》んでいないにちがいありません。初乳《しょにゅう》を飲《の》んでいないと、うまく育《そだ》つかどうか心配《しんぱい》です。

名前《なまえ》は、バイトとマスターに決《き》めました。スタッフは二時間《じかん》おきにミルクをあたえました。よく飲《の》んでくれたので、ひと安心《あんしん》です。

保護《ほご》してから約《やく》一か月《げつ》がたったころ、スタッフは、「おや」と思《おも》いました。ふつう、子《こ》ねこは動《うご》く物《もの》を追《お》いかけたり、とびついたりするのですが、まったく興味《きょうみ》をしめさないのです。目《め》の前《まえ》で指《ゆび》を動《うご》かしても、目《め》で追《お》いません。

獣医《じゅうい》さんにみてもらったところ、二ひきとも目《め》が見《み》えていないことがわかりました。生《う》まれたときから、目《め》が見《み》えなかったようです。

スタッフたちは落《お》ちこんだのですが、バイトもマスターも、すずのついたおもちゃで、無心《むしん》に遊《あそ》んでいます。耳《みみ》や鼻《はな》は障《しょう》がいがないので、大好《だいす》きなスタッフが部屋《へや》に入《はい》ってくると、あまえた声《こえ》で鳴《な》きます。

二ひきとも、とてもかわいい子《こ》でした。心配《しんぱい》なことは小食《しょうしょく》で、えさを、なかなか食《た》べてくれません。おかしいと思《おも》い、検査《けんさ》すると、肝臓《かんぞう》や腎臓《じんぞう》も、正《ただ》しくはたらいていないことがわかりました。内臓《ないぞう》の一つ一つが未熟《みじゅく》なまま生《う》まれてきたのです。

生《う》まれつきの障《しょう》がいなら、受《う》けいれるしかありません。そう思《おも》って、いたわりながら世話《せわ》をしていましたが、さらに食《た》べられなくなり、一歳《さい》になるのを目《もく》

生《う》まれたときから目《め》が見《み》えなかった、バイトとマスター。

前《ぜん》にバイトが、その一か月後《げつご》にマスターが死《し》んでしまいました。

小《ちい》さな命《いのち》が、たくさんハッピーハウスに連《つ》れてこられます。連《つ》れてこられるのはラッキーなほうで、連《つ》れてこられる前《まえ》に、カラスやとんびなどにつつかれてしまったり、車《くるま》にひかれてしまったりすることもあります。

また、保護《ほご》されても、バイトやマスターのように助《たす》からないケースも、たくさんあります。

全国《ぜんこく》で年間《ねんかん》、およそ六万頭《まんとう》もの犬《いぬ》やねこが殺処分《さつしょぶん》されているのですが、その半分《はんぶん》が、子犬《こいぬ》や子《こ》ねこです。避妊《ひにん》や去勢手術《きょせいしゅじゅつ》をしていれば、殺《ころ》されるためだけに生《う》まれてくるということはなかったでしょう。殺処分《さつしょぶん》の数《かず》は、年々《ねんねん》へってきてはいるのですが、たとえ生《い》きのびることはできても、すてられた犬《いぬ》やねこたちそれぞれにとって、不幸《ふこう》なことには変《か》わりありません。

赤《あか》ちゃんが生《う》まれないための避妊《ひにん》や去勢手術《きょせいしゅじゅつ》は、とても大切《たいせつ》なことだと、代《だい》表《ひょう》の甲斐《かい》さんは、くりかえしいいます。

★ ぎゃくたいされていた犬《いぬ》のトコ

二〇一二年《ねん》十二月《がつ》二十八日《にち》のことです。若《わか》い女性《じょせい》の声《こえ》で、ハッピーハウスに電話《でんわ》がかかってきました。

「いっしょに住《す》んでいる彼《かれ》が、ペットの犬《いぬ》をぎゃくたいしているんです。」

「どんなふうにですか。ようすを話《はな》してください。」

「さっき、コンクリートのかべにたたきつけたので、犬《いぬ》がけいれんを起《お》こしています。どうしたらいいですか。」

「それは、大変《たいへん》！　すぐに保護《ほご》に行《い》きます。」

と、ハッピーハウスのスタッフが申《もう》しでました。

しかし、女性《じょせい》は、「それはできない」といいます。男性《だんせい》におこられると思《おも》ったのか、住所《じゅうしょ》も教《おし》えてくれません。

女性《じょせい》が落《お》ちつくのを待《ま》って、くわしく話《はなし》を聞《き》きだすと、「今回《こんかい》だけではないのです……」と、ため息《いき》をつきながら打《う》ちあけてくれました。

男性《だんせい》は、自分《じぶん》のストレスを晴《は》らすために、毎日《まいにち》のように、犬《いぬ》をぎゃくたいしているというのです。えさはきちんとあたえているそうですが、犬《いぬ》がほえたり動《うご》きまわったりすると、ケージに放《ほう》りこんで「うるさい」と、ケージごとけることが、当《あ》たり前《まえ》のようになっていました。

ケージにしいてあるトイレシーツは、よごれるとかえるのですが、そのとき、ケージの外《そと》に出《だ》された犬《いぬ》は、動《うご》くとけられるのでびくびくして、じっとかたまっているといいます。最近《さいきん》では、犬《いぬ》をケージに入《い》れっぱなしで、散歩《さんぽ》もさせていないようでした。

その後《ご》も、女性《じょせい》から、犬《いぬ》へのぎゃくたいを伝《つた》える電話《でんわ》が、毎日《まいにち》のように、かかってきました。

「このままでは、死《し》んでしまいますよ。今《いま》のうちに保護《ほご》させてください。」

スタッフが持《も》ちかけても、「それは、ちょっと……」と女性《じょせい》は、しぶります。

動物《どうぶつ》へのぎゃくたいが明《あき》らかになったら、男性《だんせい》が警察《けいさつ》につかまると思《おも》ったのでしょうか。

何度《なんど》か話《はな》しあった結果《けっか》、自宅近《じたくちか》くの高速道路《こうそくどうろ》のパーキングエリアで落《お》ちあい、犬《いぬ》を保護《ほご》することができました。最初《さいしょ》の電話《でんわ》から十一日後《にちご》の、二〇一三年《ねん》一月《がつ》八日《ようか》のことでした。

ぎゃくたいされていた犬《いぬ》は、四歳《さい》のダックスフントのメスでした。毎日《まいにち》ひどい目《め》にあっていたにもかかわらず、人《ひと》をきらうようなことはなく、スタッフにもなつきました。

足《あし》が思《おも》うように動《うご》かず、トコトコ歩《ある》くのですが、そのすがたがかわいく、スタッフがトコという名前《なまえ》をつけました。

そして、犬《いぬ》やねこを保護《ほご》したときに、かならず行《おこな》う健康診断《けんこうしんだん》をしました。まずは、獣医《じゅうい》による外見《がいけん》チェックです。

「首《くび》がかたむいているのも、ぎゃくたいによるものだね。」

ストレスによるものなのか、体《からだ》のところどころで毛《け》がぬけています。つめものびていました。目《め》も真《ま》っ赤《か》です。

「もしかして、見《み》えていないのだろうか。」

やはり、ぎゃくたいによる神経障《しんけいしょう》がいのため、両目《りょうめ》の視力《しりょく》は、ほとんどありませんでした。

レントゲンをとって、さらにくわしく調《しら》べると、頭《あたま》の骨《ほね》に骨折《こっせつ》のあとが見《み》つかりました。頭《あたま》をかべか何《なに》かに強《つよ》く打《う》ちつけられたので骨折《こっせつ》し、その結果《けっか》、脳《のう》に障《しょう》がいが起《お》こり、目《め》が見《み》えなくなったのでしょう。これについては、目薬《めぐすり》をさすだけで、しばらく見守《みまも》ることにしました。

そんなトコをもらいたいという一家《いっか》が、すぐにあらわれました。その一家《いっか》は安光《やすみつ》さんといって、お父《とう》さんとお母《かあ》さん、そして五歳《さい》の男《おとこ》の子《こ》の三人家族《にんかぞく》です。安光《やすみつ》さん一家《いっか》は動物好《どうぶつず》きで、家《いえ》では、ネズミの仲間《なかま》であるデグーという生《い》きものが三びき、インコが一羽《わ》、さらに金魚《きんぎょ》やカニも飼《か》っていました。でも、犬《いぬ》は初《はじ》めてでした。

犬《いぬ》を飼《か》いたいと思《おも》ったお父《とう》さんは、ハッピーハウスのホームページを見《み》ながら、ペットにする犬《いぬ》をさがしていました。

「大《おお》きな犬《いぬ》より、小《ちい》さな犬《いぬ》がいいな。」

お父《とう》さんは、トコの写真《しゃしん》にそえられた、「足《あし》が不自由《ふじゆう》です」という説明《せつめい》に、目《め》をとめました。というのは、お父《とう》さん自身《じしん》が神経《しんけい》のむずかしい病気《びょうき》で足《あし》が自《じ》由《ゆう》に動《うご》かず、ほとんど歩《ある》けなかったからです。トコと自分《じぶん》が重《かさ》なり、ぜひ会《あ》ってみたいと、一家《いっか》でハッピーハウスにやってきました。

そして、トコが、足《あし》が不自由《ふじゆう》なだけではなく、目《め》も見《み》えないこと、ぎゃくたいされていたということを知《し》りました。

「ぜひ、わが家《や》で、幸《しあわ》せにしてやりたい。」

そう思《おも》ったお父《とう》さんは、その場《ば》でお母《かあ》さんと話《はな》しあいました。そして、そのとき五歳《さい》だったむすこの喜恵《きさと》くんに、トコにいろいろなハンディがあることを、しっかり説明《せつめい》しました。

喜恵《きさと》くんは、まだ幼稚園児《ようちえんじ》でしたが、よく理解《りかい》して、

「だから、うちでやさしくしてあげるんでしょ。ぼく、この子《こ》がいい。」

といいました。

二〇一三年五月《ねんがつ》、スタッフが安光《やすみつ》さんの家《いえ》に、トライアルのために連《つ》れていきました。トライアルというのは、もらわれていく先《さき》との相性《あいしょう》をたしかめる「おためし」の期間《きかん》です。スタッフは、トコがこわがらないよう、カンガルーのようにかたかけバッグに入《い》れて、車《くるま》に乗《の》りました。

安光《やすみつ》さんの家《いえ》に着《つ》くと、トコはあちこち、においをかいでいましたが、しばらくすると安心《あんしん》したのか、いつのまにか、ねむってしまいました。

「かわいいな。」

お父《とう》さんは、目《め》を細《ほそ》めました。

お母《かあ》さんや喜恵《きさと》くんも、トコのことを気《き》に入《い》ったようで、やさしく声《こえ》がけしていました。その光景《こうけい》を見《み》たスタッフは、安心《あんしん》して帰《かえ》りました。

トライアル中《ちゅう》に、トコは耳《みみ》も聞《き》こえていないことがわかりました。

「残《のこ》っている、においをかぎわける能力《のうりょく》で、部屋《へや》の場所《ばしょ》をおぼえ、トイレも決《き》められたところでちゃんとしましたよ。」

安光《やすみつ》さん一家《いっか》は、ハンディのたくさんあるトコを、正式《せいしき》に引《ひ》きとりました。

「名前《なまえ》は、トコのままにします。」

ハッピーハウスには、お父《とう》さんから『トコちゃんニュース』として、トコのようすがたびたび送《おく》られてくるので、スタッフたちはほっとしていました。

ところが、二〇一四年《ねん》十一月《がつ》、低《てい》タンパク血症《けっしょう》という病気《びょうき》で、トコが入院《にゅういん》、酸素室《さんそしつ》に入《はい》ったというメールがとどきました。

さっき、見舞《みま》ってきましたが、かなりよくなっています。

わたしたちが来《き》たことがわかったのでしょう。

トコは、ちぎれそうなぐらい、しっぽをふっていました。
帰《かえ》るときには、（おいていかないで）というふうに、
今《いま》まで聞《き》いたことがないくらい、悲《かな》しそうに鳴《な》きつづけました。

家族《かぞく》で心配《しんぱい》していたのですが、トコは病気《びょうき》を乗《の》りこえて、それから数日後《すうじつご》、
無事退院《ぶじたいいん》しました。
安光《やすみつ》さん一家《いっか》の愛情《あいじょう》をいっぱい受《う》けて、人間《にんげん》にあまえることを知《し》ったトコは、
とても幸《しあわ》せそうです。
安光《やすみつ》さん一家《いっか》に出会《であ》えて、よかったね、トコ。

新《あたら》しい家族《かぞく》を見《み》つけたトコ。

ハッピーハウスの運動会《うんどうかい》に参加《さんか》した、スタッフにだかれるトコと安光《やすみつ》さん一家《いっか》。
がんばったトコに、表彰状《ひょうしょうじょう》がおくられた。

ハッピーハウスのスタッフ紹介《しょうかい》

佐井翔平《さいしょうへい》さん（犬飼育班《いぬしいくはん》）

すべての動物《どうぶつ》たちがハッピーになってほしい

●入社《にゅうしゃ》のきっかけは？

動物《どうぶつ》が好《す》きで、学生時代《がくせいじだい》は生物研究同好会《せいぶつけんきゅうどうこうかい》に入《はい》って小動物《しょうどうぶつ》を飼育《しいく》していました。印刷会社《いんさつがいしゃ》の営業《えいぎょう》をしていたとき、ハッピーハウスの求人《きゅうじん》を知《し》って、「自分《じぶん》がやりたいことをやろう」とすぐに決断《けつだん》して転職《てんしょく》しました。

●今《いま》の仕事《しごと》は？

保護《ほご》された直後《ちょくご》はおびえていた犬《いぬ》が、だんだんなついてきて、手《て》を広《ひろ》げると尾《お》をふってかけよってきてくれるときは最高《さいこう》に幸《しあわ》せです。飼育班《しいくはん》がやってきたことの成果《せいか》でもあり、肉体的《にくたいてき》につらくてもモチベーションは高《たか》まります。

●これから目指《めざ》すことは？

里親《さとおや》を希望《きぼう》される方《かた》には、「その子《こ》のことは自分《じぶん》がいちばんよく知《し》っている」という自負《じふ》を持《も》って、飼育担当《しいくたんとう》だからこそできる、ていねいな説明《せつめい》をしたいと思《おも》います。体《からだ》に障《しょう》がいがあっても、年《とし》を取《と》っていても、多《おお》くの動物《どうぶつ》たちが里親《さとおや》さんとめぐりあえるよう、両者《りょうしゃ》のかけはしになりたいです。

★ホームレスが飼《か》っていた犬《いぬ》、バード

バードは、兵庫県《ひょうごけん》の明石《あかし》の海岸近《かいがんちか》くに住《す》んでいる、ホームレスの男《おとこ》の人《ひと》が飼《か》っていた雑種《ざっしゅ》のオス犬《いぬ》です。たぶん交通事故《こうつうじこ》にあったのでしょう、後《うし》ろ足《あし》にけがをしていました。

男《おとこ》の人《ひと》はバードの治療《ちりょう》を受《う》けさせなかったので、足《あし》の状態《じょうたい》はだんだんひどくなっていき、痛《いた》そうに引《ひ》きずっていました。近《ちか》くの動物愛護団体《どうぶつあいごだんたい》の人《ひと》がそんなバードに気《き》づき、見《み》かねて獣医《じゅうい》さんに連《つ》れていきました。

そして、診断《しんだん》の結果《けっか》、その足《あし》を切断《せつだん》することになったのです。

手術後《しゅじゅつご》、ホームレスの生活《せいかつ》では、手当《てあ》てがしっかりとできなかったのでしょう。足《あし》の切《き》り口《くち》から菌《きん》が入《はい》り、はれあがっていました。とても痛《いた》そうです。

「まあ、かわいそうに。」

ようすを見《み》に来《き》た動物愛護団体《どうぶつあいごだんたい》の人《ひと》が、別《べつ》の病院《びょういん》に連《つ》れていきました。その病院《びょういん》では、切断《せつだん》したところが、ひどく悪化《あっか》しているといわれ、同《おな》じ足《あし》をさらに切断《せつだん》することになりました。

その後《ご》、同《おな》じ動物愛護団体《どうぶつあいごだんたい》がバードを引《ひ》きとったのですが、何《なん》ともなかったもう一方《いっぽう》の後《うし》ろ足《あし》にもきずができて菌《きん》が入《はい》ってしまい、その足《あし》も切断《せつだん》しなくてはならなくなりました。

結局《けっきょく》、バードは、後《うし》ろ足《あし》を二本《ほん》とも、なくしてしまったのです。

動物愛護団体《どうぶつあいごだんたい》のボランティアの人《ひと》が、下半身《かはんしん》を引《ひ》きずってつらそうにしているバードのすがたを見《み》るに見《み》かねて、

「助《たす》けてやってもらえないでしょうか。」

と、ハッピーハウスに連《つ》れてきたのは、二〇一五年《ねん》三月《がつ》のことでした。

三回《かい》も足《あし》の切断手術《せつだんしゅじゅつ》を受《う》けたあげく、住《す》む場所《ばしょ》を転々《てんてん》としてきたせいか、バードは、ハッピーハウスでも、落《お》ちつきがなく、びくびくしていました。

「何《なん》とか自由《じゆう》に動《うご》けるようにしてやりたい。」

今《いま》のバードにどうしてやればいいか、スタッフたちは甲斐《かい》さんと相談《そうだん》しました。

まずは、切断《せつだん》した後《うし》ろ足《あし》にカバーをつけました。これで引《ひ》きずっても、きずはできないはずです。

しかし、下半身《かはんしん》を引《ひ》きずりながらでは、動《うご》ける範囲《はんい》がかぎられます。バードの正確《せいかく》な年《ねん》れいはわからないのですが、たぶん五歳《さい》ぐらいでしょう。これから先《さき》のことを考《かんが》えると、もっと自由《じゆう》に動《うご》けるようにしてやりたいと、スタッフのだれもが思《おも》いました。

「車《くるま》いすを使《つか》ってみようか。」

ハッピーハウスには、犬用《いぬよう》の車《くるま》いすを使《つか》っている犬《いぬ》がいました。使《つか》っていない車《くるま》いすもありました。

バードの体《からだ》に合《あ》うように調整《ちょうせい》した車《くるま》いすで下半身《かはんしん》をささえると、バードはすぐに前足《まえあし》だけで歩《ある》きはじめました。

今《いま》は、車《くるま》いすにもなれ、一日《にち》に数回《すうかい》、散歩《さんぽ》を楽《たの》しんでいます。

車《くるま》いすに乗《の》せたり、おろしたり、トイレの世話《せわ》をしたりなど、バードには人《ひと》の手《て》が必要《ひつよう》です。そのため、バードは、スタッフがいつもそばにいて見守《みまも》ることができる、老犬《ろうけん》のいるフィガロハウスにいます。

若《わか》くて、いちばんいばっていて、まるでフィガロハウスにいる犬《いぬ》たちを見《み》守《まも》っている番人《ばんにん》のようです。

しかし、まだ人《ひと》には、なれていません。知《し》らない人《ひと》には低《ひく》い声《こえ》でうなり、気《き》

スタッフに見守《みまも》られて、元気《げんき》になったバード。
後《うし》ろ足《あし》を失《うしな》っても、車《くるま》いすに乗《の》って自由《じゆう》に動《うご》きまわることができる。

に入《い》らないスタッフには、ほえたり、きばをむいたりしています。そんなバードですが、フィガロハウスのスタッフになだめられると、すぐにおとなしくなります。

きっと、そのうちに人《ひと》にもなれ、ハッピーハウスにもなれて、やさしい気持《きも》ちを取《と》りもどすでしょう。

★最期《さいご》まで介護《かいご》を――フィガロハウス

人間社会《にんげんしゃかい》と同《おな》じように、ペットの寿命《じゅみょう》ものびています。

ペットの寿命《じゅみょう》がのびた理由《りゆう》としては、予防注射《よぼうちゅうしゃ》の普及《ふきゅう》で病気《びょうき》をふせげるようになったこと、病気《びょうき》になっても治療《ちりょう》の技術《ぎじゅつ》が進《すす》んだことがあげられます。よろこばしいことなのですが、それによって、人《ひと》とペットの間《あいだ》でもお年寄《としよ》りがお年《とし》寄《よ》りのめんどうをみる、「老老介護《ろうろうかいご》」の問題《もんだい》が起《お》きています。特《とく》に大型犬《おおがたけん》は、年《とし》を取《と》ると足《あし》が弱《よわ》って歩《ある》けなくなることが多《おお》いので、飼《か》い主《ぬし》に体力《たいりょく》がないと飼《か》うのがむずかしくなります。

ラブラドール・レトリーバーのラルフがそうでした。飼《か》い主《ぬし》は、大《おお》きな体《からだ》のラルフを一人《ひとり》で世話《せわ》してきたのですが、ともに年《とし》を取《と》ってしまい、めんどうがみられなくなりました。そのため、ハッピーハウスで保護《ほご》することになったのです。

フィガオは、街《まち》をさまよい歩《ある》いていたところを保護《ほご》された柴犬《しばいぬ》の老犬《ろうけん》です。犬《いぬ》も年《とし》を取《と》ると、※認知症《にんちしょう》になることがあります。フィガオは、ふらっと外《そと》に出《で》てしまって、家《いえ》に帰《かえ》る道《みち》がわからなくなって迷子《まいご》になったのだと思《おも》われます。「いつものように、そのうち帰《かえ》ってくるだろう」と、飼《か》い主《ぬし》が家《いえ》で待《ま》っていて

※認知症《にんちしょう》＝いろいろな原因《げんいん》によって脳《のう》の細胞《さいぼう》がはたらかなくなり、障《しょう》がいが起《お》きて、生活《せいかつ》にしじょうが出《で》る状態《じょうたい》。年《とし》を取《と》るとあらわれることが多《おお》い。

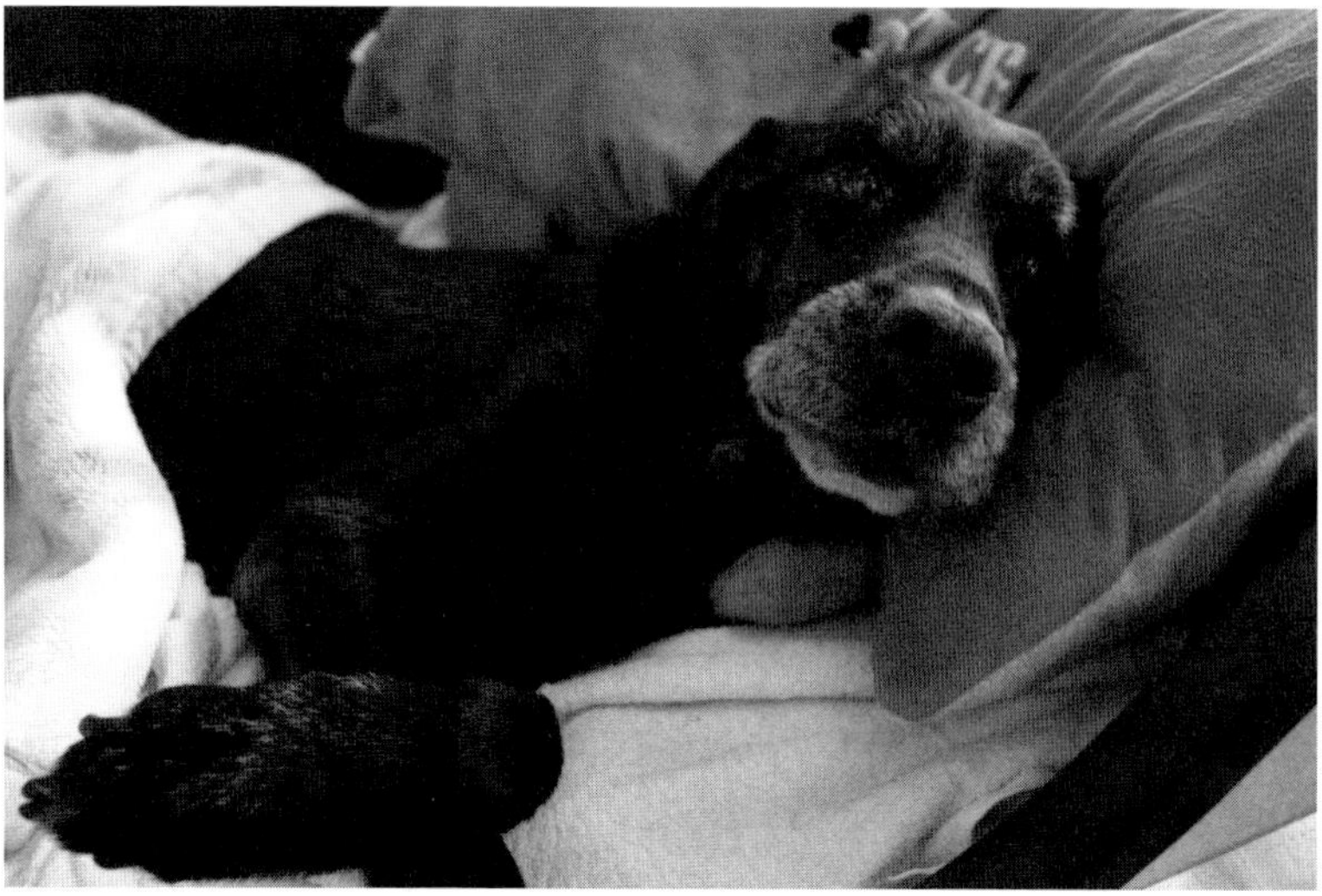

飼《か》い主《ぬし》が年《とし》を取《と》り、世話《せわ》ができなくなってやってきたラルフ。

迷子《まいご》になってうろついているところを保護《ほご》されたフィガオ。

も、老犬《ろうけん》は、帰《かえ》れなくなってしまうことがあるのです。フィガオは、飼《か》い主《ぬし》が見《み》つからないまま、ハッピーハウスにいます。年《とし》を取《と》った犬《いぬ》には、こんなことが見受《みう》けられるようになります。

・歩《ある》けない。
・部屋《へや》のすみに顔《かお》をつっこんで、じっとしている。
・自分《じぶん》では立《た》ちあがることができない。
・同《おな》じ場所《ばしょ》をくるくる回《まわ》っている。
・目《め》が見《み》えない。
・耳《みみ》が聞《き》こえない。
・自分《じぶん》で食《た》べることができない。
・一日中《にちじゅう》ねむっている。
・反応《はんのう》しなくなった。

・おむつをしなければならない。

老《お》いて体《からだ》が動《うご》かなくなっても、認知症《にんちしょう》になっても、ハッピーハウスでは、できるかぎりの治療《ちりょう》をし、回復《かいふく》のために力《ちから》を注《そそ》ぎ、介護《かいご》します。たとえ、ねたきりであっても、きおくがうすれていても、

「ふとしたときに、よろこびを表現《ひょうげん》するんですよ。」

と、係《かかり》のスタッフはうれしそうに言《い》います。

保護《ほご》している犬《いぬ》がそれぞれ年《とし》を取《と》っていくのに合《あ》わせ、二〇一三年《ねん》、フィガロハウスを建《た》てることにしたのです。

フィガロハウスは、この世《よ》に生《う》まれてきた命《いのち》を最期《さいご》までしっかりまっとうさせてやりたいという、ハッピーハウスの姿勢《しせい》に共感《きょうかん》した方《かた》からの寄付《きふ》で建《た》てられました。「フィガロ」という名前《なまえ》は、その方《かた》の飼《か》い犬《いぬ》の名前《なまえ》です。

広《ひろ》さは、およそ二十畳《じょう》ぐらいです。

ここには、おむつをした、ねたきりの犬《いぬ》や、年《とし》を取《と》って目《め》が見《み》えなくなった犬《いぬ》、耳《みみ》が聞《き》こえなくなった犬《いぬ》、一日中《にちじゅう》ねむっている犬《いぬ》など、現在《げんざい》、二十一頭《とう》の犬《いぬ》がいます。

フィガロハウスには四名《めい》のスタッフがいて、年老《としお》いた犬《いぬ》たちを、それぞれの症状《しょうじょう》に合《あ》わせて介護《かいご》しています。ねたきりの犬《いぬ》には、※床《とこ》ずれ防止《ぼうし》のため、ねがえりをさせたり、※ウオーターベッドを使《つか》ったりしています。

あたたかい日《ひ》には、庭《にわ》にしいたシートの上《うえ》にねかせて、日光浴《にっこうよく》をさせます。ねどこの毛布《もうふ》もほします。よごれたらすぐにせんたくします。

食事《しょくじ》の時間《じかん》になると、ねたきりの犬《いぬ》には、「体《からだ》を起《お》こしたほうが食《た》べやすいだろう」と、スタッフがだきかかえて、車《くるま》いすに乗《の》せます。車《くるま》いすが、弱《よわ》った足《あし》の代《か》わりに体《からだ》をささえてくれるので、えさを楽《らく》に食《た》べることができます。

※床《とこ》ずれ＝ねたきりで体《からだ》を動《うご》かせない場合《ばあい》にできる皮膚《ひふ》のただれや、きず。
※ウオーターベッド＝水《みず》が入《はい》ったベッド。体《からだ》の重《おも》みが全体《ぜんたい》に分散《ぶんさん》されるので、床《とこ》ずれができにくい。

体《からだ》をまったく起《お》こすことができない犬《いぬ》には、スタッフがえさを口《くち》に持《も》っていって食《た》べさせます。食事《しょくじ》を楽《たの》しみにしている老犬《ろうけん》は、たくさんいるのです。

フィガロハウスができて以来《いらい》、ここで受《う》けた細《こま》やかな介護《かいご》によって、ふたたび元気《げんき》を取《と》りもどし、ゴードン部屋《べや》（年《とし》を取《と》っても自分《じぶん》の力《ちから》で動《うご》ける犬《いぬ》たちの部屋《へや》）に、もどっていく犬《いぬ》が何頭《なんとう》もいます。

そして、おどろいたことに、このフィガロハウスから、十五頭《とう》もの犬《いぬ》が新《あら》たな飼《か》い主《ぬし》のところに、もらわれていったのです。

「一生《いっしょう》けんめいお世話《せわ》をしていただいて、ありがとうございます。せめて、一頭《とう》でも、わが家《や》で最期《さいご》をみとらせてください。」

そうして、引《ひ》きとられたうちの一頭《とう》に、十六歳《さい》の雑種《ざっしゅ》の銀次《ぎんじ》がいます。ハッピーハウスで保護《ほご》されたのは、二〇〇〇年《ねん》のことで、生後《せいご》まだ三か月《げつ》ほどの子《こ》

フィガロハウスで、毎朝《まいあさ》、足《あし》のガーゼを取《と》りかえてもらうバード。

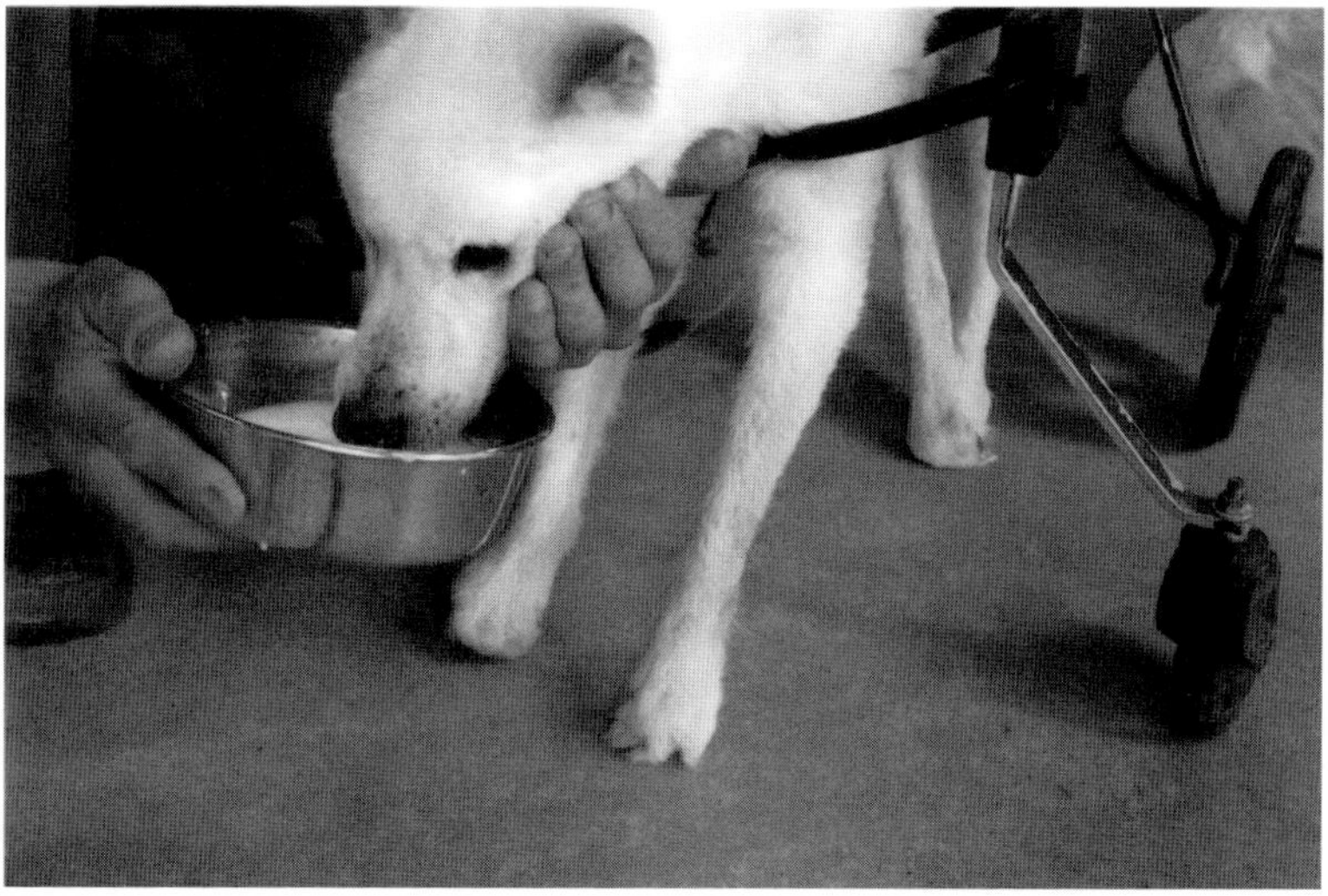

ねたきりの犬《いぬ》も、食事《しょくじ》は立《た》って食《た》べられるように介助《かいじょ》される。

犬《いぬ》でした。

一度《いちど》、もらわれて幸《しあわ》せにくらしていたのですが、わかくて元気《げんき》だった銀次《ぎんじ》は、その家《いえ》から脱走《だっそう》してしまい、警察《けいさつ》に保護《ほご》され、ハッピーハウスにもどってきました。

そして、その後《ご》の十五年《ねん》を、ずっとハッピーハウスで過《す》ごしてきました。足腰《あしこし》が弱《よわ》くなってきた銀次《ぎんじ》ですが、今《いま》も体重《たいじゅう》が二十キロあります。この先《さき》、世話《せわ》をするのも大変《たいへん》になっていくでしょう。獣医《じゅうい》さんにも定期的《ていきてき》にみてもらわなければなりません。そんな銀次《ぎんじ》を引《ひ》きとってくれた家族《かぞく》に、スタッフは感動《かんどう》しました。

新《あたら》しい飼《か》い主《ぬし》に、手作《てづく》りの食事《しょくじ》をもらい、やさしく声《こえ》がけしてもらって、銀《ぎん》次《じ》は、のんびり、幸《しあわ》せに余生《よせい》を送《おく》っています。

フィガロハウスで最期《さいご》をむかえた犬《いぬ》は三十数頭《すうとう》。しっかりみとられて、命《いのち》を

新《あたら》しい飼《か》い主《ぬし》が見《み》つかった、十六歳《さい》の銀次《ぎんじ》。

まっとうしましたが、銀次《ぎんじ》のように家族《かぞく》の元《もと》で最期《さいご》をむかえることほど、幸《しあわ》せなことはありません。

★東日本大震災《ひがしにほんだいしんさい》で、犬《いぬ》やねこたちは……

獣医学《じゅういがく》を学《まな》びたい。

たくさんの犬《いぬ》やねこの命《いのち》をあずかっているからには、動物《どうぶつ》の体《からだ》のことについて、もっとくわしく知《し》らなくてはならないと、甲斐《かい》さんは思《おも》っていました。

しかし、これから大学《だいがく》に入《はい》ることも、学《まな》ぶことも、かんたんなことではありません。何《なに》より、十分《じゅうぶん》なお金《かね》もありません。ハッピーハウスの活動《かつどう》をしながら、動物《どうぶつ》の体《からだ》の仕組《しく》みについて学《まな》べる学校《がっこう》をさがしたところ、日本ではなく、インドネシアにありました。

インドネシアの大学《だいがく》の獣医学科《じゅういがっか》は授業料《じゅぎょうりょう》が安《やす》いので、はたらきながら勉強《べんきょう》している人《ひと》や、いろいろな国《くに》の人《ひと》、さまざまな年《ねん》れいの人《ひと》たちが学《まな》びに来《き》ていることがわかりました。ここなら自分《じぶん》のお金《かね》で何《なん》とか学《まな》べる……。

二〇〇八年《ねん》、甲斐《かい》さんは、迷《まよ》わずその大学《だいがく》に入学《にゅうがく》しました。

大学《だいがく》の授業《じゅぎょう》はインドネシア語《ご》なので、最初《さいしょ》は理解《りかい》するのに大変《たいへん》でした。

また、仕事《しごと》の合間《あいま》に、日本とインドネシアを行《い》ったり来《き》たりしながらだったので、卒業《そつぎょう》までに七年《ねん》かかりましたが、ハッピーハウスにいる犬《いぬ》やねこたちのことを思《おも》って、一生《いっしょう》けんめいがんばりました。

ただ、インドネシアの獣医学科《じゅういがっか》を卒業《そつぎょう》しても、日本の国家試験《こっかしけん》に合格《ごうかく》しなければ、日本では獣医《じゅうい》としてみとめられません。甲斐《かい》さんは、国家試験合格《こっかしけんごうかく》を目《め》ざして、さらに勉強《べんきょう》を続《つづ》けています。

そのインドネシアでの勉強中《べんきょうちゅう》、二〇一一年《ねん》三月《がつ》のことです。甲斐《かい》さんが大学《だいがく》に通《かよ》うためインドネシアに着《つ》いた、次《つぎ》の日《ひ》のことでした。

「タウ　トゥンタン　ツナミ　ディ　ジェパン？」

（知《し》っているか？　日本の津波《つなみ》のこと。）

現地《げんち》の人《ひと》に、次々《つぎつぎ》と、そうきかれたのですが、なぜ、今《いま》、津波《つなみ》のことをきいてくるのか、甲斐《かい》さんには、さっぱりわかりません。

それから数時間後《すうじかんご》に、日本での大震災《だいしんさい》を伝《つた》えるニュースをテレビで見《み》たのですが、現実《げんじつ》に日本で起《お》こったこととして、すぐに理解《りかい》できませんでした。

（マグニチュード９という大地震《おおじしん》が起《お》こった……って？）

それだけでも信《しん》じられないことなのに、地震《じしん》によって起《お》こった津波《つなみ》が村《むら》や町《まち》のすべてをのみこんでいくようすは、あまりにもしょうげき的《てき》な光景《こうけい》でした。

阪神《はんしん》・淡路大震災《あわじだいしんさい》（一九九五年《ねん》一月《がつ》十七日《にち》）でたくさんの犬《いぬ》やねこたちを保《ほ》護《ご》したことが、甲斐《かい》さんの頭《あたま》をよぎりました。あのときも大変《たいへん》だったのに、今《こん》度《ど》はそれを上《うわ》まわる災害《さいがい》のようです。

いつもあとまわしになる動物《どうぶつ》の命《いのち》です。いても立《た》ってもいられなくなった甲《か》斐《い》さんは、インドネシアに着《つ》いたばかりにもかかわらず、飛行機《ひこうき》のチケットを手配《てはい》して、次《つぎ》の日《ひ》、日本に帰《かえ》りました。

日本は大《おお》さわぎになっていました。津波《つなみ》によって、福島第一原子力発電所《ふくしまだいいちげんしりょくはつでんしょ》から、放射性物質《ほうしゃせいぶっしつ》がもれているというのです。発電所《はつでんしょ》から二十キロ圏内《けんない》の人々《ひとびと》が強制的《きょうせいてき》にひなんさせられました。

地震《じしん》や津波《つなみ》で被害《ひがい》を受《う》けた村《むら》に、仕方《しかた》がなく置《お》き去《ざ》りにされたペットたちがくさりにつながれたままでいたり、おなかをすかせて、うろついていたりするようすが、テレビにうつしだされます。

ペットたちを保護《ほご》するために一日《にち》も早《はや》く出発《しゅっぱつ》したいというスタッフたちを、甲斐《かい》さんは、「もう少《すこ》し待《ま》つように」と、説得《せっとく》しました。

それは、阪神《はんしん》・淡路大震災《あわじだいしんさい》のときの経験《けいけん》によるものです。あのときと同《おな》じように道路《どうろ》はくずれて通行止《つうこうど》め、現場《げんば》は大混乱《だいこんらん》にちがいありません。むやみに入《はい》ることは、救助活動《きゅうじょかつどう》のじゃまになると予想《よそう》されるからです。ガソリンの確保《かくほ》もむずかしいようです。

ハッピーハウスの車《くるま》が、被災地《ひさいち》に入《はい》ることができたのは、三週間《しゅうかん》が過《す》ぎてからでした。ケージや毛布《もうふ》、えさなどをつめこんで走行中《そうこうちゅう》、横《よこ》を走《はし》っていた車《くるま》がクラクションを鳴《な》らして、手《て》をふってくれました。

被災動物救援部隊《ひさいどうぶつきゅうえんぶたい》という車体《しゃたい》のたれまくを見《み》て、応援《おうえん》してくれたのでしょう。不安《ふあん》な気持《きも》ちがふっとびました。

「よし、がんばるぞ。」

訓練士《くんれんし》をふくむスタッフ五人《にん》は、被災地《ひさいち》に着《つ》くと休《やす》む間《ま》もなく、おびえて、さまよっている犬《いぬ》やねこを保護《ほご》しました。

日《ひ》がくれる前《まえ》に、これから滞在《たいざい》する場所《ばしょ》をさがしておきたいのですが、現地《げんち》は混乱《こんらん》していて、それどころではありません。こまっていたら、

「犬《いぬ》やねこを助《たす》けに来《き》てくれたのね。ありがとう。よかったら、ここを使《つか》ってください。」

と、アパートを提供《ていきょう》してくれた人《ひと》がいました。車《くるま》いすを使《つか》っている女《おんな》の人《ひと》でした。

四月《がつ》とはいえ東北《とうほく》の夜《よる》は寒《さむ》く、ふるえていたら、「よかったら使《つか》って」と、ストーブまで貸《か》してくれました。

福島第一原子力発電所《ふくしまだいいちげんしりょくはつでんしょ》から二十キロ圏内《けんない》で飼《か》われていた犬《いぬ》やねこは、張《は》られたロープの中《なか》に置《お》き去《ざ》りにされたままです。「救《すく》ってやってください」と、しっぽをふって食《た》べものをほしがる犬《いぬ》をこっそりロープの外《そと》に出《だ》してくれた救助隊《きゅうじょたい》

の人《ひと》もいましたが、つながれたまま餓死《がし》している犬《いぬ》もいました。

必死《ひっし》で救助活動《きゅうじょかつどう》を続《つづ》けているうちに、二台《だい》のハッピーハウスの車《くるま》の走行距離《そうこうきょり》は五万《まん》キロを超《こ》し、とうとうこわれてしまいました。そのことを知《し》った関西《かんさい》のある会社《かいしゃ》の社長《しゃちょう》さんから、「これで車《くるま》を買《か》ってください」と、寄付金《きふきん》がありました。

全国《ぜんこく》の子《こ》どもたちからも、「えさ代《だい》にしてください」と、お金《かね》がとどきました。

いろいろな支援《しえん》にはげまされて、一頭《とう》でも多《おお》くの犬《いぬ》やねこを救《すく》おうと、雪《ゆき》が深《ふか》くなる十一月《がつ》まで、保護活動《ほごかつどう》を続《つづ》けました。

えさを求《もと》めて、うろついている犬《いぬ》やねこを保護《ほご》し、またペットがいるために避難所《ひなんじょ》に入《はい》れない人《ひと》からペットをあずかりました。

何頭《なんとう》かまとまると、飛行機《ひこうき》でハッピーハウスに送《おく》りました。一番近《いちばんちか》くの仙台《せんだい》空港《くうこう》は海岸《かいがん》から一キロほどのところにあったため、津波《つなみ》におそわれて、へいさされていました。そのため、山形空港《やまがたくうこう》や、ときには秋田空港《あきたくうこう》、岩手空港《いわてくうこう》にまで行《い》って送《おく》りました。

東日本大震災《ひがしにほんだいしんさい》の被災地《ひさいち》で保護《ほご》した犬《いぬ》やねこは全部《ぜんぶ》で二百数十頭《すうじっとう》になりました。震災《しんさい》から時間《じかん》がたって、少《すこ》し落《お》ちついてくると、自分《じぶん》が飼《か》っていたペットをさがす人《ひと》たちが出《で》はじめました。ペットの保護《ほご》を続《つづ》ける一方《いっぽう》で、飼《か》い主《ぬし》さがしが始《はじ》まりました。

「お宅《たく》の犬《いぬ》やねこではありませんか。」

保護《ほご》した犬《いぬ》やねこの写真《しゃしん》を、福島県二本松市《ふくしまけんにほんまつし》のある建物《たてもの》に展示《てんじ》しました。（もしかしてうちの子《こ》がいるのでは）と、やってくる人《ひと》があとをたちません。

「似《に》ているけど、毛《け》がもっとふさふさしていたかな……。」

首《くび》をかしげる家族《かぞく》には、インターネットを使《つか》ってハッピーハウスにいる犬《いぬ》やねこの映像《えいぞう》を見《み》せました。こちらの声《こえ》も、犬《いぬ》やねこに聞《き》こえます。

飼《か》い主《ぬし》が名前《なまえ》をよぶと、きょろきょろしてあまえた声《こえ》で鳴《な》きながら、まわり

をさがしはじめました。そんなようすを見《み》て、迷《まよ》っていた人《ひと》は、

「あ、やっぱりうちの子《こ》です！」

といって、画面《がめん》に向《む》かって両手《りょうて》を広《ひろ》げました。まさか、行方不明《ゆくえふめい》になってしまったペットが遠《とお》くはなれた大阪府《おおさかふ》のハッピーハウスで保護《ほご》されているなんて、どの飼《か》い主《ぬし》も、すぐには信《しん》じられないようです。

「ありがとう、ありがとうございます。」

ペットの無事《ぶじ》がわかっても家《いえ》をなくし、仮設住宅《かせつじゅうたく》に住《す》んでいるため、引《ひ》きとれない人《ひと》がたくさんいます。

「生《い》きていたのなら、ぜひ会《あ》いたい」という飼《か》い主《ぬし》の願《ねが》いをかなえたいと甲斐《かい》さんは思《おも》いました。何《なん》とか大型《おおがた》バスをチャーターして、東北《とうほく》の飼《か》い主《ぬし》のみなさんを一泊《ぱく》で大阪《おおさか》のハッピーハウスに招待《しょうたい》しました。

「よく生《い》きていてくれたねえ。この子《こ》を引《ひ》きとれるようにがんばります。」

家族《かぞく》のようにかわいがっていたペットの存在《そんざい》は、何《なに》もかも失《うしな》って落《お》ちこんでいた飼《か》い主《ぬし》に大《おお》きな力《ちから》となったようです。

阪神《はんしん》・淡路大震災《あわじだいしんさい》のときに保護《ほご》した犬《いぬ》やねこの数《かず》は、四百五十頭《とう》。ほとんど飼《か》い主《ぬし》や里親《さとおや》を見《み》つけたそうです。

飼《か》い主《ぬし》が見《み》つかっていなかった十数頭《じゅうすうとう》の犬《いぬ》のうち、二頭《とう》が、二〇一七年《ねん》、飼《か》い主《ぬし》の元《もと》に帰《かえ》りました。

四月《がつ》に家《いえ》に帰《かえ》れたのは、秋田犬《あきたいぬ》のトラ。

被災《ひさい》した年《とし》から毎年《まいとし》一回《かい》、飼《か》い主《ぬし》さんが福島県《ふくしまけん》から会《あ》いに来《き》ていました。

トラは、被災《ひさい》したとき一歳半《さいはん》でしたが、もう七歳《さい》を過《す》ぎました。家族《かぞく》とくらした年月《ねんげつ》よりハッピーハウスでくらした年月《ねんげつ》のほうが、ずっと長《なが》くなってしまいました。それでもやっぱり飼《か》い主《ぬし》さんの元《もと》へ帰《かえ》れるトラは、とってもうれしそうだと、スタッフは感《かん》じました。

六月《がつ》に帰《かえ》ったのは、ノン。キャバリア・キング・チャールズ・スパニエルという種類《しゅるい》の犬《いぬ》です。

被災《ひさい》したときは、十歳《さい》でした。ひなん所《じょ》や仮設住宅《かせつじゅうたく》、市役所《しやくしょ》や町役場《まちやくば》などにハッピーハウスがおいていた保護《ほご》した犬《いぬ》やねこの写真《しゃしん》から、飼《か》い主《ぬし》さんがノンを見《み》つけたのです。

あれから六年《ねん》。ノンは、家《いえ》に帰《かえ》れる日《ひ》をずっと待《ま》っていたはずです。犬《いぬ》の六年《ねん》は、人間《にんげん》の何十年《なんねん》にもあたります。その間《あいだ》にずいぶん年《とし》を取《と》って体《からだ》も弱《よわ》り、フィガロハウスで介護《かいご》してもらっていたノン。

この日《ひ》まで、よくがんばりました。

飼《か》い主《ぬし》さんの生活《せいかつ》が安定《あんてい》して、やっといっしょに住《す》めるようになり、お父《とう》さんが新潟県《にいがたけん》から車《くるま》でむかえに来《き》ました。来《く》るときは滋賀県《しがけん》のインターチェンジ

6年《ねん》ぶりに飼《か》い主《ぬし》の元《もと》に
帰《かえ》ることができたトラ。

介護《かいご》を受《う》けながら
飼《か》い主《ぬし》を待《ま》っていた
ノン。
6年《ねん》ぶりに
帰《かえ》ることができた。

で一泊《ぱく》したそうです。

「帰《かえ》りは、おまえといっしょだな。」

やっと会《あ》えたノンと二人《ふたり》きりで、お父《とう》さんは、とてもうれしそうに帰《かえ》っていきました。ノンは、もっとうれしかったにちがいありません。

東日本大震災《ひがしにほんだいしんさい》でハッピーハウスに保護《ほご》され、飼《か》い主《ぬし》を待《ま》つ犬《いぬ》とねこ

ゴルフ

うづき

メリー

シーサー

こむぎ

おそめ

ハッピーハウスのスタッフ紹介《しょうかい》

梅本幸子《うめもとさちこ》さん（ねこ飼育班《しいくはん》）

多《おお》くの命《いのち》を救出《きゅうしゅつ》したい！

●入社《にゅうしゃ》のきっかけは？

動物《どうぶつ》が好《す》きで、ペットショップにつとめていましたが、生《い》き物《もの》を売買《ばいばい》することにていこうがありました。ハッピーハウスに出会《であ》い、「働《はたら》くのは、ここだ！」と直感《ちょっかん》しました。

●今《いま》の仕事《しごと》は？

入社当初《にゅうしゃとうしょ》は、動物《どうぶつ》が亡《な》くなると泣《な》いてばかりいました。今《いま》は、生《い》きている間《あいだ》にどれだけのことができるかを第一《だいいち》に考《かんが》え、熱《あつ》い思《おも》いと冷静《れいせい》な判断《はんだん》で仕事《しごと》をしています。よかれと思《おも》うえさやりや人《ひと》とのふれあいも、ストレスになる場合《ばあい》があるので、動物《どうぶつ》それぞれにあった飼育《しいく》をしています。

●これから目指《めざ》すことは？

先輩《せんぱい》から学《まな》んだこと、自分《じぶん》が体験《たいけん》して修得《しゅうとく》したことを後輩《こうはい》に伝《つた》え、各《かく》メンバーの考《かんが》えや意見《いけん》にも耳《みみ》をかたむけてチーム全体《ぜんたい》の成長《せいちょう》につなげたいです。「この子《こ》に、こうしてあげたい、よくしてあげたい」という思《おも》い、「幸《しあわ》せになってほしい」というスタッフの願《ねが》いは、動物《どうぶつ》に伝《つた》わると思《おも》います。

ハッピーハウスを応援《おうえん》してくれる人《ひと》たち

●有名《ゆうめい》なピアニストのＨ《エイチ》さん

犬《いぬ》にとって散歩《さんぽ》は楽《たの》しみでもあり、健康《けんこう》のためにもかかせません。わかっているのですが、スタッフが仕事《しごと》の合間《あいま》に散歩《さんぽ》をさせるには、犬《いぬ》の数《かず》が多《おお》すぎます。ボランティアの力《ちから》を借《か》りても、すべての犬《いぬ》を、毎日《まいにち》、十分《じゅうぶん》に散《さん》歩《ぽ》させることが、なかなかできませんでした。

しかも、犬《いぬ》を散歩《さんぽ》させる山道《やまみち》は、車《くるま》がやっと通《とお》れるほどせまいので、すれちがいざま、近《ちか》くに住《す》んでいる人《ひと》たちにめいわくをかけることもあり、気《き》をつかいながら散歩《さんぽ》させていました。

何《なに》か、いい方法《ほうほう》はないだろうか……。甲斐《かい》さんはいつも考《かんが》えてました。そして、ある日《ひ》、ひらめきました。

(そうだ、ドッグランだ。)

犬《いぬ》たちが自由《じゆう》に走《はし》りまわって遊《あそ》ぶことができるドッグランを、しせつ内《ない》に作《つく》りたいという思《おも》いにたどりつきました。ドッグランがあれば、犬《いぬ》の散歩《さんぽ》にかけていた時間《じかん》を、犬《いぬ》の世話《せわ》にあてることができます。場所《ばしょ》はあります。でも、工《こう》事《じ》をするにはたくさんのお金《かね》がかかります。

そんな折《おり》、世界的《せかいてき》に有名《ゆうめい》なピアニストのH《エイチ》さんが、ハッピーハウスのために、チャリティーコンサートを東京《とうきょう》で開催《かいさい》してくれました。

H《エイチ》さんは、いつものように情熱的《じょうねつてき》なピアノ演奏《えんそう》で、多《おお》くの観客《かんきゃく》を魅了《みりょう》しました。そして、入場料《にゅうじょうりょう》の一部《いちぶ》をハッピーハウスに寄付《きふ》してくれました。

そのおかげで、二〇〇七年《ねん》、立派《りっぱ》なドッグランを整備《せいび》することができました。犬《いぬ》が水遊《みずあそ》びするためのプールもできました。

ドッグランを自由《じゆう》にかけまわる犬《いぬ》。スタッフは、散歩《さんぽ》させていた時間《じかん》を世話《せわ》にあてることができるようになった。

ドッグランでは、グループごとに時間《じかん》を区切《くぎ》り、犬《いぬ》を放《はな》しています。犬《いぬ》たちは、走《はし》りまわったり、においをかいだり、自由《じゆう》に過《す》ごしています。うんちもしますが、ほうきとちりとりを手《て》に見守《みまも》っているスタッフがすぐにかたづけます。犬《いぬ》たちにとって、のびのびできる貴重《きちょう》な場所《ばしょ》になっています。

●プロゴルファーの※杉原輝雄《すぎはらてるお》さん

杉原輝雄《すぎはらてるお》さんは、「チャリティーゴルフ」などを通《とお》して、ハッピーハウスを応援《おうえん》してくれたひとりです。

ある日《ひ》、知人《ちじん》の紹介《しょうかい》で、ハッピーハウスをおとずれた杉原《すぎはら》さんは、自分《じぶん》の目《め》でハッピーハウスの活動《かつどう》をたしかめたうえ、協力《きょうりょく》を申《もう》しでました。理事《りじ》にもなってくれました。

その後《ご》、ハッピーハウスについて根《ね》も葉《は》もないことが書《か》かれた手紙《てがみ》が、出《で》まわったことがありました。

「ハッピーハウスは犬《いぬ》を殺《ころ》しているわ、放置《ほうち》しているわ、とんでもない団体《だんたい》だ」などと書《か》かれた手紙《てがみ》です。そのとき、杉原《すぎはら》さんは、

「うそだらけだ。ぼくがマスコミをよぶから、ハッピーハウスが実際《じっさい》にやっていることをちゃんと話《はな》しなさい。」

といったのです。甲斐《かい》さんはおどろきました。

ほかの理事《りじ》とも相談《そうだん》して、その手紙《てがみ》は無視《むし》することにしたのですが、杉原《すぎはら》さんはハッピーハウスの活動《かつどう》を心《こころ》から応援《おうえん》してくれる、とても心強《こころづよ》い存在《そんざい》でした。

杉原《すぎはら》さんは、自分《じぶん》とはちがう意見《いけん》を持《も》った人《ひと》に対《たい》する心《こころ》がまえも、甲斐《かい》さんに教《おし》えてくれました。

「人《ひと》と話《はな》しあうときは、まず相手《あいて》のことを考《かんが》え、相手《あいて》を気持《きも》ちよくさせる。それでこそ、話《はな》しあいがうまくいく。あなたは順番《じゅんばん》が反対《はんたい》のことがある。いくら

※杉原輝雄《すぎはらてるお》＝日本を代表《だいひょう》するプロゴルファー。通算勝利数《つうさんしょうりすう》63は、日本で三番目《さんばんめ》の記録《きろく》。二〇一一年《ねん》、ガンのため亡《な》くなる。

正《ただ》しくても、やりたいことを先《さき》にいうな」と。

また、杉原《すぎはら》さんは、ことあるたびに、「生《い》きているすばらしさ」、「生《い》かされている感謝《かんしゃ》」をスタッフたちに話《はな》してくれました。

「命《いのち》の大切《たいせつ》さ」、「すべての生《い》き物《もの》はみな同《おな》じ」ということなど、動物《どうぶつ》たちへの支援《しえん》だけではなく、人《ひと》としての生《い》き方《かた》を、甲斐《かい》さんやスタッフに教《おし》えてくれました。

甲斐《かい》さんやスタッフに、いろいろ助言《じょげん》してくれた
プロゴルファーの杉原輝雄《すぎはらてるお》さん。

●ポー・リー動物病院《どうぶつびょういん》院長《いんちょう》の佐藤征典《さとうまさのり》さん

甲斐《かい》さんが、ポー・リー動物病院《どうぶつびょういん》の佐藤院長《さとういんちょう》と出会《であ》ったのは、一九九五年《ねん》のことです。獣医《じゅうい》になって二年目《ねんめ》の佐藤先生《さとうせんせい》は、京都市《きょうとし》で行《おこな》われていた、のらねこの去勢《きょせい》・避妊手術《ひにんしゅじゅつ》に参加《さんか》していました。甲斐《かい》さんも、この活動《かつどう》に参加《さんか》していたのですが、動物《どうぶつ》に寄《よ》せる思《おも》いが同《おな》じで、意気投合《いきとうごう》しました。

それ以来《いらい》、一度《ど》にたくさんの犬《いぬ》やねこの避妊《ひにん》・去勢手術《きょせいしゅじゅつ》をしなければならないときや、むずかしい手術《しゅじゅつ》のときは、佐藤先生《さとうせんせい》にSOS《エスオーエス》を出《だ》します。相談《そうだん》にも乗《の》ってもらいます。

ポー・リー動物病院《どうぶつびょういん》は神奈川県川崎市《かながわけんかわさきし》にあります。水曜日《すいようび》が休《やす》みなので、佐藤先生《さとうせんせい》は火曜日《かようび》の診察《しんさつ》が終《お》わったあと、新幹線《しんかんせん》でかけつけてくれます。そして、水曜日《すいようび》は一日《にち》ハッピーハウスの診療所《しんりょうじょ》で治療《ちりょう》にあたります。ときには、翌日《よくじつ》も治療《ちりょう》をして、夜《よる》、川崎市《かわさきし》に帰《かえ》っていきます。そんなことが、年《ねん》に二、三回《かい》あります。
佐藤《さとう》先生《せんせい》の手《て》によって、たくさんの犬《いぬ》やねこの命《いのち》が、救《すく》われました。

佐藤《さとう》先生《せんせい》のほかにも、東京都《とうきょうと》の赤《あか》坂《さか》動物病院《どうぶつびょういん》（柴内総院長《しばうちそういんちょう》）や、大阪《おおさか》府茨木市《ふいばらきし》のいばらき動物病院《どうぶつびょういん》（田村《たむら》院長《いんちょう》）、京都府京都市《きょうとふきょうとし》のオオジ動物《どうぶつ》病院《びょういん》（大治院長《おおじいんちょう》）も、ハッピーハウスに力《ちから》を貸《か》してくれています。

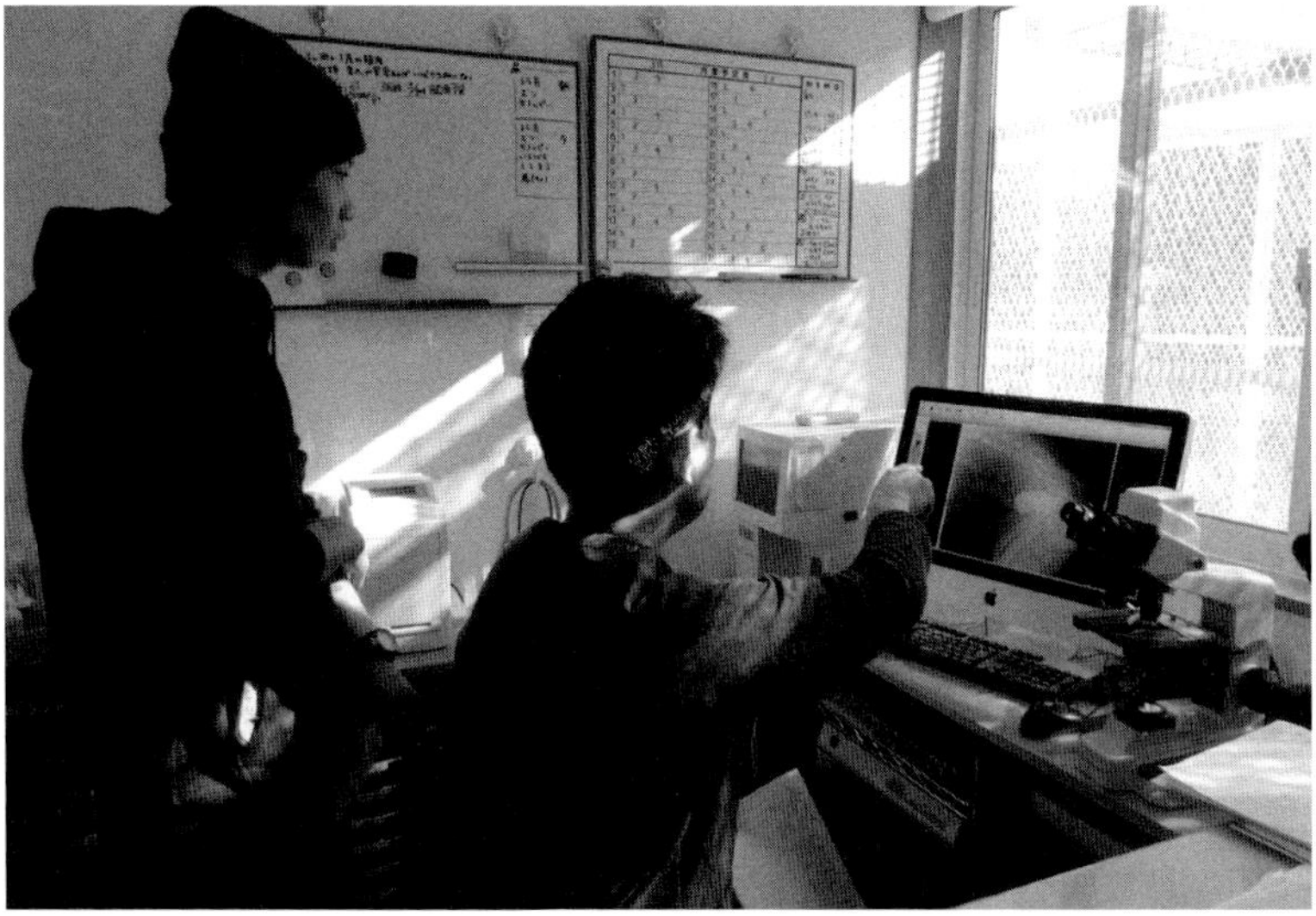

動物《どうぶつ》の病状《びょうじょう》について、スタッフにくわしく説明《せつめい》する佐藤征典先生《さとうまさのりせんせい》。

エピローグ ——ハッピーハウスと子《こ》どもたち

ハッピーハウスの代表《だいひょう》の甲斐《かい》さんはいいます。

「子《こ》どもたちに、いろいろなものに命《いのち》があることを教《おし》え、それを思《おも》いやる心《こころ》を育《そだ》てるのが、大人《おとな》の役目《やくめ》です。子《こ》どものころに動物《どうぶつ》にふれたり、だきしめたり、においをかいだり、世話《せわ》をしたりしてほしいです。きっと、命《いのち》を身近《みぢか》に感《かん》じることができ、すべての生《い》きものに愛情《あいじょう》を感《かん》じるはずです。」

とはいっても、生《い》きもの禁止《きんし》のマンション住《ず》まいであったり、家族《かぞく》に動物《どうぶつ》アレルギーの人《ひと》がいたり、ペットが飼《か》えないさまざまな事情《じじょう》があります。

そんな子《こ》どもたちのために、ハッピーハウスがしていることは二つあります。

①甲斐《かい》さんやスタッフが学校《がっこう》に行《い》き、「命《いのち》の重《おも》さ」について話《はなし》をすること。

②ハッピーハウスの見学《けんがく》。

春休《はるやす》みや夏休《なつやす》み、冬休《ふゆやす》み以外《いがい》にも、家族《かぞく》といっしょに子《こ》どもたちがやってきます。

犬舎《けんしゃ》への入《い》り口《ぐち》は、二重《にじゅう》とびらになっています。それは、なぜなのか、教《おそ》わります。

犬舎《けんしゃ》の前《まえ》には、それぞれの犬《いぬ》の写真《しゃしん》とプロフィールが書《か》かれています。

「この犬《いぬ》たちみんな、すてられてたの？」

スタッフは、子《こ》どもたちの質問《しつもん》に、ていねいに答《こた》えてくれます。

「だれかに、もらってもらえるといいね。」

フィガロハウスでは、目《め》はつぶれ、毛《け》はすっかりぬけきって、おむつをつけてねたきりになった年老《としお》いた犬《いぬ》を、大切《たいせつ》に世話《せわ》しているようすを見学《けんがく》します。

「犬《いぬ》やねこでも、年《とし》を取《と》れば、人間《にんげん》と同《おな》じなんだね。」

スタッフから犬舎《けんしゃ》の説明《せつめい》を聞《き》く見学者《けんがくしゃ》。

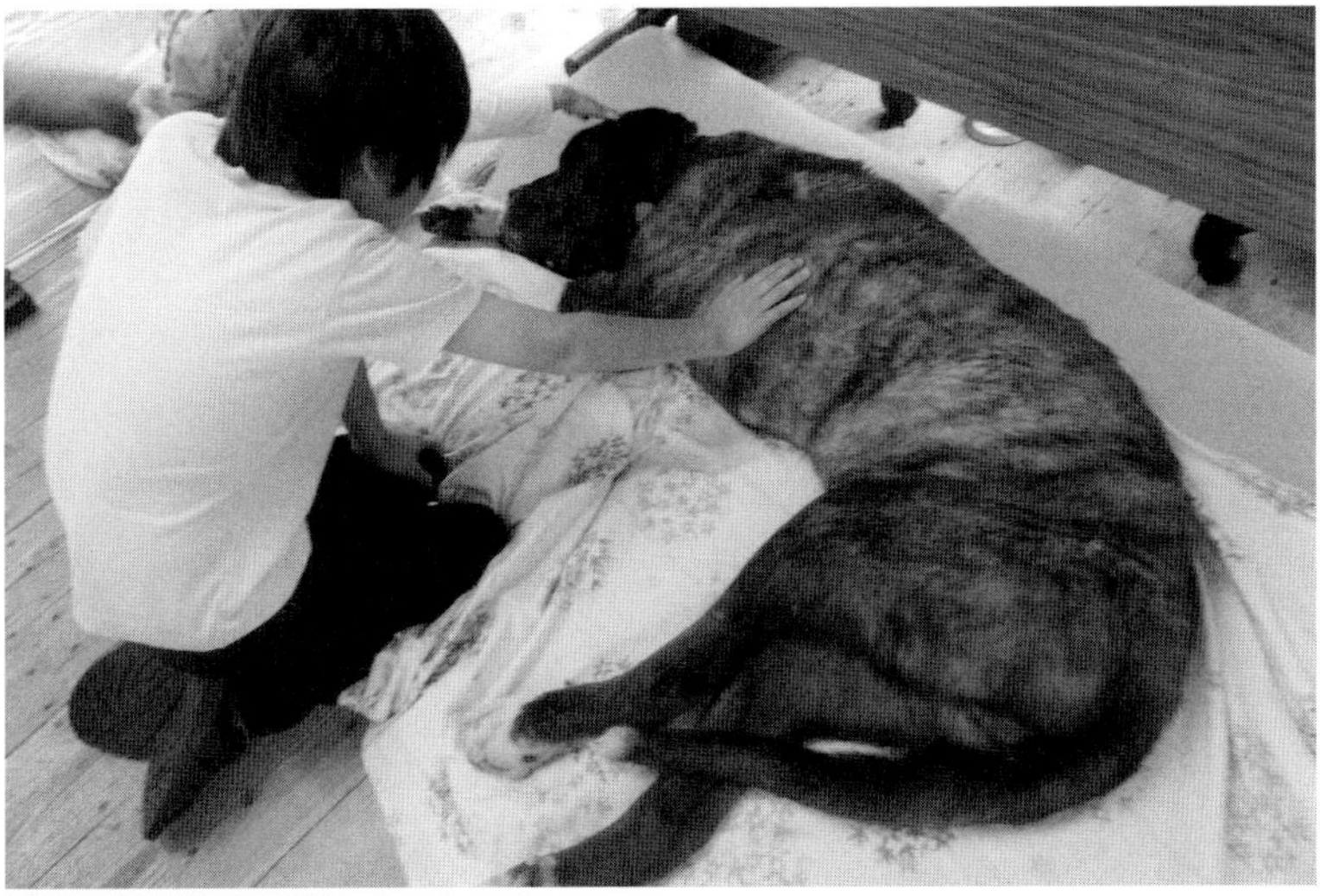

年老《としお》いた犬《いぬ》を心配《しんぱい》そうになでる男《おとこ》の子《こ》。

「この子《こ》、立《た》てないんだね。」

「でもごはんは、起《お》きあがって食《た》べるんだよ。」

車《くるま》いすで体《からだ》をささえれば立《た》ちあがることができる老犬《ろうけん》には、起《お》きあがらせて食《た》べさせるようにしていると、スタッフは説明《せつめい》します。

「この子《こ》は、東日本大震災《ひがしにほんだいしんさい》のときに、保護《ほご》した犬《いぬ》です。」

「あ、ぼく、知《し》ってる。東北《とうほく》の地震《じしん》のこと。家族《かぞく》とはぐれたんだね。」

「そうなの。でも、家族《かぞく》がわかり、来月《らいげつ》には家族《かぞく》の元《もと》に帰《かえ》れることになっています。」

「わあ、よかったね。」

年老《としお》いた犬《いぬ》をだかせてもらって体温《たいおん》を感《かん》じたり、ひとりで食《た》べられない犬《いぬ》に、食器《しょっき》を持《も》ちあげてえさを食《た》べさせる体験《たいけん》もできます。

「犬《いぬ》とねこを合《あ》わせて、六百頭《とう》もいるんでしょ。スタッフの人《ひと》は、毎日《まいにち》、大変《たいへん》ですね。」

と、スタッフを思《おも》いやる子《こ》どももいます。

「ぼくにできることは、ありませんか。」

ねこハウスでは、トイレ用《よう》に新聞紙《しんぶんし》を細長《ほそなが》く切《き》りさいたり、ステンレスの重《おも》い食器《しょっき》をあらったり、せんたくものをほしたりします。

ドッグランでうんちをかたづけて、いっぱいほえられたことや、ねこ部屋《べや》で、たくさんのねこたちと遊《あそ》んだ体験《たいけん》を、子《こ》どもたちはしっかり心《こころ》にきざみこむでしょう。

「きみ、だいじょうぶ?」

と、男《おとこ》の子《こ》と女《おんな》の子《こ》が、受付《うけつけ》にいる大型犬《おおがたけん》を心配《しんぱい》そうになでてやっています。

「この犬《いぬ》は、病気《びょうき》ではなく、高《こう》れいなのです。」

「ふーん、お年寄《としよ》りなんだ。」

保育器《ほいくき》に入《はい》っている赤《あか》ちゃんねこを、見《み》ることもできます。

「だいじょうぶかな。大《おお》きくなれるかな。」

「大《おお》きくなれるように、願《ねが》ってやってね。」

スタッフの言葉《ことば》に、少年《しょうねん》はうなずきながら、

「そうする。ぼく、二《に》か月《げつ》も早《はや》く生《う》まれてきたんだって。」

「保育器《ほいくき》に入《はい》っていたの？」

「うん……。この子《こ》が大《おお》きくなったかどうか、また見《み》に来《き》てもいい？」

「うれしいな。ぜひ見《み》に来《き》てあげてね。」

生《う》まれたばかりの赤《あか》ちゃんねこから、ねたきりになった老犬《ろうけん》までいるハッピーハウスでの体験《たいけん》は、命《いのち》の大切《たいせつ》さを学《まな》ぶ機会《きかい》になっています。

タイミングが良《よ》ければ、甲斐《かい》さんに直接質問《ちょくせつしつもん》もできます。

五年生《ねんせい》の少女《しょうじょ》が夏休《なつやす》みにポスターとしてまとめた作品《さくひん》は、ハッピーハウスの

受付《うけつけ》にはられています。

甲斐《かい》さんは、

「ハッピーハウスの見学《けんがく》は、子《こ》どもたちの心《こころ》に、命《いのち》の大切《たいせつ》さを感《かん》じる小《ちい》さな種《たね》をまくはずです。この小《ちい》さな積《つ》み重《かさ》ねが、やがて、日本を世界一《せかいいち》やさしい国《くに》にしてくれると、わたしは信《しん》じています。」

というと、自分《じぶん》の気持《きも》ちをたしかめるように、深《ふか》くうなずきました。

見学《けんがく》に来《き》た女《おんな》の子《こ》の質問《しつもん》に、ていねいに答《こた》える甲斐《かい》さん（右《みぎ》）。

あとがきにかえて

――ハッピーハウス代表《だいひょう》 甲斐尚子《かいしょうこ》さんの言葉《ことば》

本《ほん》の表紙《ひょうし》の犬《いぬ》、海《うみ》は、高知県《こうちけん》の保健所《ほけんじょ》で、殺処分《さつしょぶん》が決《き》まっていました。そうなったいきさつはわかっていませんが、おだやかで、人《ひと》なつっこい性格《せいかく》のこの犬《いぬ》なら、もらってくれる人《ひと》がいると思《おも》った動物保護団体《どうぶつほごだんたい》の人《ひと》が、保健所《ほけんじょ》から救《すく》いだしました。

海《うみ》は、京都府亀岡市《きょうとふかめおかし》にもらわれていったのですが、その後《ご》、もらい主《ぬし》と連絡《れんらく》がとれなくなりました。不安《ふあん》に思《おも》った動物保護団体《どうぶつほごだんたい》の人《ひと》がようすを見《み》に行《い》ったところ、もらい主《ぬし》は、すでに引《ひ》っ越《こ》ししていました。どこに引《ひ》っ越《こ》したかわからなかったのですが、必死《ひっし》で引《ひ》っ越《こ》し先《さき》をさがして訪《たず》ねてみたところ、もらい主《ぬし》の環境《かんきょう》が変《か》わったせいか、海《うみ》は、大切《たいせつ》にされていませんでした。

地元《じもと》の保健所《ほけんじょ》に間《あいだ》に入《はい》ってもらって、動物愛護団体《どうぶつあいごだんたい》の人《ひと》が、ふたたび海《うみ》を引《ひ》きとり、ハッピーハウスに連《つ》れてきました。二〇一六年《ねん》四月《がつ》のことです。来《き》たときは、とてもやせていて、右前足《みぎまえあし》を引《ひ》きずっていましたが、まだ目《め》は見《み》えていました。

ハッピーハウスで引《ひ》きとったあと、緑内障《りょくないしょう》を発症《はっしょう》して、目《め》が見《み》えなくなりました。今《いま》は、受付《うけつけ》スペースで、自由《じゆう》にのんびりとくらしています。

この本《ほん》を読《よ》んでくれたみんなは、大人《おとな》になったらどんな仕事《しごと》をしたいでしょうか。医者《いしゃ》、政治家《せいじか》、ケーキ屋《や》さん、大工《だいく》さん、宇宙飛行士《うちゅうひこうし》になれるかもしれませんね。

いろいろな仕事《しごと》について、日本を動《うご》かしていくひとりになってくれることでしょう。

でも、わすれてほしくないことがあります。

それはだれもが持《も》っている命《いのち》のことです。

命《いのち》は、お父《とう》さんとお母《かあ》さんからもらった一つしかない大切《たいせつ》なものです。

その命《いのち》があるから生《い》きているのです。

命《いのち》は強《つよ》いけれど、とても弱《よわ》い。大事《だいじ》にしないとすぐにだめになってしまいます。

それは、動物《どうぶつ》も植物《しょくぶつ》も、みんな同《おな》じです。

生《い》きていると大変《たいへん》なこともつらいこともあると思《おも》うけど、負《ま》けないでほしいと思《おも》います。

ハッピーハウスにいる動物《どうぶつ》は、目《め》が見《み》えなくても、足《あし》が不自由《ふじゆう》でも、どんなつらいときでも一生《いっしょう》けんめい生《い》きてきました。

みんなも、一生《いっしょう》けんめい生《い》きてください。
そして、自分《じぶん》の命《いのち》も、ほかの命《いのち》も大切《たいせつ》にしてあげてください。

甲斐尚子《かいしょうこ》

動物の孤児院　ハッピーハウス
〒563-0131 大阪府豊能郡能勢町野間大原117　公益財団法人　日本アニマルトラスト
Tel 072-737-1707　ホームページ　http://www.happyhouse.or.jp

著者プロフィール　**沢田俊子**
京都府在住。48歳で童話を書き始め、54歳で単行本デビュー。おもな作品に、「まんざいでばんざい」、「命の重さはみな同じ」、「盲導犬不合格物語」（ともに学研）など多数。日本児童文芸家協会会員。

※この本の売り上げの一部は、ハッピーハウスでの動物たちの保護活動のために使われます。

動物感動ノンフィクション
助かった命と、助からなかった命　～動物の保護施設ハッピーハウス物語

2018年2月13日　第1刷発行

著者　沢田俊子《さわだとしこ》
写真　野寺夕子《のでらゆうこ》（表1、表4、p1、目次、p25、p31、p34、p71下、p79）
／公益財団法人　日本アニマルトラスト
装丁　藤田知子
協力　公益財団法人　日本アニマルトラスト

発行人　川田夏子
編集人　小方桂子
編集担当　山本耕三
編集協力　堀内眞里
発行所　株式会社　学研プラス
〒141-8415　東京都品川区西五反田2-11-8
印刷所　図書印刷株式会社

●この本に関する各種お問い合わせ先
本の内容については　Tel 03-6431-1615（編集部直通）
在庫については　Tel 03-6431-1197（販売部直通）
不良品（落丁、乱丁）については　Tel 0570-000577
学研業務センター 〒354-0045 埼玉県入間郡三芳町上富279-1
上記以外のお問い合わせは　Tel 03-6431-1002（学研お客様センター）
アンケートはがきにご記入いただいた個人情報に関するお問い合わせは、株式会社学研プラス　幼児・児童事業部（Tel 03-6431-1615）までお願いいたします。
当社の個人情報保護については、当社ホームページhttp://gakken-plus.co.jp/privacypolicy/をご覧ください。

学研の書籍・雑誌についての新刊情報・詳細情報は、下記をご覧ください。
学研出版サイト　http://hon.gakken.jp/